AF220265

frei - christlich

Der freie christliche Impuls Rudolf Steiners

Zum freien christlichen Religionsunterricht und seine Handlungen an der Freien Waldorfschule

Arbeitsmaterial Zur Kultus-Frage

frei + christlich
Zum freien christlichen Religionsunterricht
und seine Handlungen
in der Freien Waldorfschule

ISBN : 978-3-7543-0557-7

Privates MANUSKRIPT
Nur für Ihren privaten, wissenschaftlichen Gebrauch gemäß 2 UrhG, § 53.
Teile der hier wiedergegebenen Texte unterliegen noch dem Urheberschutz.

Ohne Gewähr.
© Johanni 2021

Herausgabe:
Dr. Volker David Lambertz
Förderkreis Forum Kultus
Initiative für ein freies,
anthroposophisch + sakramental vertieftes Christ-Sein heute
Herrensteig 18, D-78333 Wahlwies
www.ForumKultus.info
Post@ForumKultus.de

Herstellung und Verlag: BoD – Books on Demand,
Norderstedt / www.BoD.de

Arbeitsmaterial Zur Kultus-Frage

Der freie christliche Impuls
Rudolf Steiners

frei

christlich

Der freie christliche Religionsunterricht
und seine Handlungen
in der Freien Waldorfschule

Eine Einführung und Zusammenstellung

Forum Kultus

Arbeitsmaterial zur Kultus-Frage

FSC
www.fsc.org

MIX
Papier aus verantwortungsvollen Quellen
Paper from responsible sources
FSC® C105338

Im hellen Sonnenlichte,
Das Kraft der Erde bringt;
Im grünen Pflanzenwesen,
Das aus den Tiefen dringt,
Und auch in Weltenweiten,
Die Sternen Wohnung geben;
Und in dem Menschenauge,
Wo Sinneskräfte weben:
Da ahn' ich Gotteswalten,
Das mir im Geist erscheinet,
Mit dem in Seelengründen
Mein ganzes Sein sich einet;
Dass so selbst Geist ich werde
Als Mensch im Stoff der Erde.

Spruch für den Beginn des Religionsunterrichtes
Rudolf Steiner - Faksimile der handschriftlichen Notiz

Was in der Entwicklung
der Christenheit
als Sehnsucht und Streben nach
Laienpriestertum
immer wieder erstand
- allerdings auch immer wieder verfolgt
und schließlich zum Verschwinden
gebracht wurde -,
das hat hier durch Rudolf Steiner
eine neue Keimlegung erfahren.

Maria Lehrs-Röschl, GA 265, S.42

Liebe Eltern, liebe Interessenten
am freien christlichen Impuls Rudolf Steiners !

Jedes Jahr wieder
tauchen in der Elternschaft Fragen zum freien christlichen
Religionsunterricht und dessen Sonntagshandlungen auf,
die nach ausführlicheren, vertieften Antworten suchen.
Weil diese Fragen auch an uns - als «freie christliche» Religionslehrer im *Forum Kultus* - gestellt werden, wollen wir nun,
über die übliche Erstinformation einige Vertiefungen anbieten.
Denn hier liegen Möglichkeiten vor uns, dessen kultushistorische
Tragweite wir meist ungenügend erkennen, nämlich: Christ-Sein
allgemein-christlich, *überkonfessionell* brüderlich zu leben,
unabhängig einer Kirche, Priester-Weihe und Klerikerschaft.
Das war privat zwar schon immer möglich, nun haben wir aber
auch *freie* christliche Kultus-Handlungen und - Sakramente und in
der Waldorfschule einen freien christlichen Religionsunterricht.
Durch die interreligiöse Anthroposophie können uns diese einen
undogmatischen, spirituell tiefen, individuellen und direkten Weg
zur geistigen Welt ebnen, anbieten und ermöglichen,
der gerade deswegen auch kein "Einheitskultus" sein sollte
und so auch an jedem Ort dementsprechend gestaltet werden
kann ...

Wir haben hier die meist gestellten Fragen herausgesucht
und vor allem offizielle Veröffentlichungen dazu
zusammengetragen,
auch eine Literaturliste und Adressen für Ihre eventuellen Fragen.

Der «freie christliche» Impuls, die Inhalte dieser Zusammenstellung
verstehen sich nicht als Konkurrenz zu irgendeiner Kirche :
Jedem seinen Weg !!
Um aber zu entscheiden, welchen Weg ich gehen will,
muss ich mich zuvor informieren können.
So hoffen wir, dass Ihnen viele, fruchtbare Fragen entstehen!

Für das Forum Kultus
herzlich
Volker David Lambertz

Inhalt

Alle freie Religiosität,
die sich in der Zukunft
innerhalb der Menschheit
entwickeln wird,
wird darauf beruhen,
dass in jedem Menschen
das Ebenbild der Gottheit
wirklich
in unmittelbarer Lebenspraxis,
nicht bloß in der Theorie,
anerkannt werde.

Dann wird es keinen Religionszwang
geben können,
dann wird es keinen Religionszwang
zu geben brauchen,

denn dann wird die Begegnung
jedes Menschen
mit jedem Menschen
von vornherein
eine religiöse Handlung,
ein Sakrament sein,

und niemand wird
eine besondere Kirche,
die äußere Einrichtungen
auf dem physischen Plan hat,
nötig haben,
das religiöse Leben
aufrecht zu erhalten.

Die Kirche kann,
wenn sie sich richtig versteht,
nur die eine Absicht haben,
sich unnötig zu machen
auf dem physischen Plane,
indem das ganze Leben
zum Ausdruck
des übersinnlichen
gemacht wird.

Rudolf Steiner, 9. 10. 1918

Arbeitsmaterial Zur Kultus-Frage

Wir stehen nicht am Ende, sondern am Anfang des Christentums

Christian Morgenstern

frei + christlich

2000 Jahre Christentum ... ! :
Vom direkten Miterleben des Christus-Gottes auf Erden, beflügelt vom Heiligen Geist zu Pfingsten zur "allein selig machenden Kirche". Himmel und Hölle auf Erden ... Doch die Macht der Kirchen zerrinnt. Religiöse Gleichgültigkeit, Unsicherheit herrscht, aber auch Mündigkeit bricht durch. Heute kann Glaube nicht mehr verordnet, gerade heute will er Wissen, Erfahrung werden. «Wer Ohren hat, der höre»: Der Sturm der Zeit brach neue Möglichkeiten und Fähigkeiten auf. Wer in den Tiefen sucht, der entdeckt, dass Christus auf neuer Ebene greifbar wird.

Christ-Sein kann weiter gehen, kann sich loslösen von Fremdbestimmung, Dogmen, Machtansprüchen, Hierarchien, dem väterlichen "Hirte-und-Schafe"-Prinzip, kann wieder eine urchristliche Dimension erreichen, die nicht mehr die Christenheit in Kirchen, Konfessionen und rechthaberische Gruppen und Sekten scheidet und zersplittert, die die Begegnung mit IHM selbst wieder zum Maßstab macht, hin zu einer individuellen Christus-Beziehung und dennoch in der Vielfalt der Gemeinschaft aller Christen.

« Der nur hat die wahre Meinung von dem Christentum, der durchdrungen ist von der Überzeugung, dass alle Kirchen, die den Christus-Gedanken gepflegt haben, alle äußeren Gedanken, alle äußeren Formen zeitlich und daher vorübergehend sind, dass aber der Christus-Gedanke sich in immer neuen Formen hereinleben wird in die Herzen und Seelen der Menschen in der Zukunft. »
(Rudolf Steiner, 13.10.1911)

« Alle freie Religiosität, die sich in der Zukunft innerhalb der Menschheit entwickeln wird, wird darauf beruhen, dass in jedem Menschen das Ebenbild der Gottheit wirklich in unmittelbarer Lebenspraxis, nicht bloß in der Theorie, anerkannt werde.

Dann wird es keinen Religionszwang geben können, dann wird es keinen Religionszwang zu geben brauchen, denn dann wird die

Begegnung jedes Menschen mit jedem Menschen von vornherein eine religiöse Handlung, ein Sakrament sein, und niemand wird durch eine besondere Kirche, die äußere Einrichtungen auf dem physischen Plan hat, nötig haben, das religiöse Leben aufrechtzuerhalten. Die Kirche kann, wenn sie sich richtig versteht, nur die eine Absicht haben, sich unnötig zu machen auf dem physischen Plane, indem das ganze Leben zum Ausdruck des Übersinnlichen gemacht wird. » *(Rudolf Steiner, 9.10.1918)*

« Und so wird für alle diejenigen, welche das äussere Symbolum brauchen, um einen geistigen Actus zu vollziehen, nämlich die Vereinigung mit dem Christus, das Abendmahl der Weg sein, der Weg bis dahin, wo ihre innere Kraft so stark ist, wo sie so erfüllt sind von dem Christus, dass sie ohne äussere physische Vermittlung sich mit dem Christus vereinigen können. Die Vorschule für die mystische Vereinigung mit dem Christus ist das Abendmahl - die Vorschule. So müssen wir diese Dinge verstehen.

Und ebenso wie alles sich entwickelt vom Physischen zum Geistigen hinauf unter dem christlichen Einfluss, so müssen sich zuerst unter dem Christus-Einfluss heranentwickeln die Dinge, die zuerst da waren als eine Brücke: vom Physischen zum Geistigen muss sich das Abendmahl entwickeln, um hinzuführen zur wirklichen Vereinigung mit dem Christus. » *(Rudolf Steiner, 7.7.1909)*

« (Der Kultus,) der für viele Jahrhunderte der richtige war, (wird) es auch für viele Jahrhunderte noch bleiben .... Die Dinge gehen nach und nach ineinander über. Aber das, was früher richtig war, wird sich nach und nach in ein anderes verwandeln, wenn die Menschen dafür reif werden. » *(Rudolf Steiner, GA 131, 13.10.1911)*

Doch schon « ergibt sich als notwendig, dass das christliche Freiheitselement auch dem Wesen des Kultus, dem Sakramentalismus einverleibt werden muss. Das heißt, dass zunehmend nach der Zukunft hin nicht mehr der Eine *(als "geweihter" Priester)* für die Anderen alle das Opfer zu vollbringen haben wird, sondern dass der Eine mit dem Anderen gemeinschaftlich das Gleichwerden der Menschen gegenüber dem Christus, der als Sonnenwesen auf die Erde heruntergestiegen ist, erleben soll. » *(Hella Wiesberger, Einleitung zu GA 265)*

Auf dem Weg zur spirituellen Befreiung des Christen-Menschen besteht die kultushistorisch bedeutsame Tat Rudolf Steiners nicht nur in der Geburtshilfe für eine «erneuerte» *Kirche* [1] - die für viele wichtig

---

1   Die 1922 von Friedrich Rittelmeyer begründete «Christengemeinschaft».

und richtig war und ist -, sondern vorallem in der Vermittlung eines *freien christlichen*, kirchenunabhängigen, überkonfessionellen Stromes.

So gab Rudolf Steiner eine Zukunftssaat von kirchenunabhängigen und allgemein-priesterlichen Sakramenten :
das in seiner kultischen Entwicklung weitergeführte
Zentralsakrament [2] «OPFERFEIER» (1923),
die «SONNTAGSHANDLUNGEN für die Kinder» (1920)
und das Sakrament der «JUGENDFEIER» *(Konfirmation)* (1921)
den Religionslehrern der Waldorfschule [3]
und
TAUFE (1921 [4]),
TRAUUNG (1922 [5]),
BESTATTUNG (1919 [6]) [7]
an Wilhelm Ruhtenberg [8] bzw. Hugo Schuster [9]
als damit einzeln und unabhängig wirkende Anthroposophen.

---

2   Der Mittelpunkt der Sakramente - die so genannte "Messe" als Zentralsakrament - beinhaltet - so wie die «Opferfeien» auch - die typischen vier Teile: Evangelium, Opferung, Wandlung, Kommunion. Die «Opferfeien» ist, zwar eine weitergeführte, aber vollgültige "Messe", ein eucharistisches Altarsakrament (wenn auch nicht mehr über den "Umweg" der Substanzen sondern «direkt», s. S.14.) «Sie steht an der Spitze der Hierachie aus zwei Gründen: Erstens, weil sie nicht nur die Kraft des ganzen Christus selbst enthält; zweitens, weil alle übrigen Sakramente auf sie zu- und hingeordnet sind.» Alexandre Ganoczy, «Einführung in die katholische Sakramentlehre», 1991, S.40.
3   Siehe «Daten und Quellen» am Ende dieser Broschüre.
4   Siehe auch GA 265 (1987), S.36.
5   Lt. GA 345 (1994), S.73.
6   Erstmals vollzog Hugo Schuster die Bestattungshandlung am 14.1.1919 für Marie Leyh auf dem Arlesheimer Friedhof. (Siehe Kultus-Handbuch «Die Sakramente...» oder GA 265 [1987], S.491.)
7   Der Lebensrhythmus des Menschen birgt die Siebenheit in sich. So sind alle sieben Sakramente für den Menschen auch auf der allgemein-christlichen, ("laien"-priesterlichen) Ebene anwendbar, auch wenn bestimmte Sakramente (wie die "Priester"-Weihe oder das Zentralsakrament Messe) hier ihre entsprechende Erhebung, Wandlung erfahren müssen. Siehe dazu nähere Ausführungen in «Sakramente heute», siehe Literaturhinweise am Schluss dieser Broschüre.
8   Ruhtenberg war "Laie", nämlich ausschließlich Waldorflehrer, als er von Steiner Taufe und Trauung erhielt. Diesen "geistlichen Stand" besaß er übrigens auch, als er zuvor Pastor der Evang. Kirche war: Dort gibt es nämlich keine "Priester-Weihe", sondern nur eine Amtseinführung namens «Ordination»; geistlich steht der Pastor auf derselben Ebene wie alle anderen Kirchenmitglieder. Als er sich später - nachdem er die freien Sakramente bereits erhalten hatte - doch noch zum *Priester der Christengemeinschaft* weihen ließ, erklärte Steiner dies zu seiner «Privatangelegenheit»: «Der Pastor Ruhtenberg muss, wenn er hier ist, vollständig vergessen, dass er Priester ist.», 9.12.1922.
9   Schuster war zwar geweihter, christkatholischer Priester, er erhielt diese Rituale aber von Steiner, weil er als kultisch engagierter <u>Anthroposoph</u> für Anthroposophen danach fragte, nicht weil er berechtigt war, als Pfarrer der Christkatholischen Kirche christkatholische Sakramente an Christkatholiken zu erteilen; wie sowieso dessen "alte" (katholische) Weihe keine Handlungsberechtigung mehr für die «erneuerten Sakramente» darbot (siehe Rudolf Steiner,

Hier « ist jedes Wort abgewogen, nicht nur so weit, dass es als Wort dasteht, sondern es steht auch jedes Wort an seinem richtigen Orte und im richtigen Verhältnis zum anderen Worte. »
(Rudolf Steiner, 4.10.1921, vormittags)

Denn: « Dasjenige, was der Priester (bzw. der Kultusvollziehende) hier tut, .. seinen Kultus verrichtet, das hat sein Ursprungsbild in der anstoßenden übersinnlichen Welt, wo, während wir hier .. den irdischen Kultus verrichten, der himmlische Kultus verrichtet wird von der anderen Seite, von den Wesenheiten der anderen Seite des Daseins ... Nur dann ist ein Kultus eine Wahrheit, wenn er diesen realen Ursprung hat. » (Rudolf Steiner, 27.6.1924)

Quelle und Verständnisinstrument ist hier die Anthroposophie, die ein «Erwachen am - Christus im - anderen Menschen» ermöglicht, ein unmittelbares Anknüpfen des Menschen an das Mysterium von Golgatha, eine Erkenntnis der Allgegenwart der Geistigen Welt. Sie ist sie «selbst Gottesdienst» und kann den mündigen und ernstlich Strebenden *direkt* zur Verbindung mit IHM, zur «Kommunion» führen und mündet, indem sie Tat wird, letztendlich in die Sakramentalisierung des ganzen Lebens.
Dennoch ist Anthroposophie keine Religion (Rudolf Steiner, 6.9.1921) sondern ein freier Erkenntnis- und Schulungsweg, der - «interreligiös»! - *jeden* religiösen Weg bereichern und vertiefen kann:
« Sie kann darum selbst nicht das sein, was einer älteren Entwicklungsperiode angehört. Sie lebt Esoterik dar, nicht die exoterische Einhüllung der Esoterik in Kultus, Glaube, Religionssysteme oder Kirchen. ... *(Sie)* enthält den Wahrheitskern aller Religionen. »
(Wimbauer, siehe Steiner, 16.11.1905)

«Wenn dies nicht in derselben klaren Weise wahrnehmbar ist, so ergibt sich das zum einen aus der Charakterisierung der Religion als 'Stimmung' der Menschenseele für das hinter dem Sinnlichen liegende Geistige (siehe Steiner, 5.1.1911, GA 127, S.13ff), zum andern aus der des Öfteren zu findenden Aussage, dass das in sich religiösmoralisch wirkende Wesen der Anthroposophie nicht im *konfessionellen* Sinne religionsbildend auftreten könne, dass geisteswissenschaftliche Bestrebungen nicht 'ein Ersatz' für religiöse Übung und

---

4.10. 1921, Nachmittag, GA 343 [1993], S.350). (Selbst die «Christengemeinschaft» weiht geweihte katholische Priester noch einmal.). Abgesehen davon war und ist die erhaltene «Bestattung» der nicht-sakramentale Teil der Sterberituale (Letzte Ölung = Sakr.!) und verlangte somit ohnehin keine Weihe. So spielte auch hier "Weihe" und Priesteramt keine Rolle.

das religiöse Leben sein sollten, dass man die Geisteswissenschaft 'nicht zur Religion' machen sollte, obwohl sie 'in höchstem Maße' eine 'Stütze', eine 'Unterbauung' des religiösen Lebens sein kann. *(siehe Steiner, 20.2.1917, GA 175, S.51ff)* Anthroposophie als Wissenschaft vom Übersinnlichen und die Anthroposophische Gesellschaft als deren Gemeinschaftsträger sollten nicht an ein bestimmtes Religionsbekenntnis gebunden sein, da die Anthroposophie ihrem Wesen nach *interreligiös* ist. Auch ihre zentralste Erkenntnis, die Erkenntnis von der Bedeutung des Christus-Geistes für die Menschheits- und Erdenentwicklung, beruht nicht auf derjenigen der christlichen Konfessionen, sondern auf der *Einweihungswissenschaft*, aus der alle Religionen einmal hervorgegangen sind. In diesem Sinne charakterisiert er *(Steiner)* es einmal als einen 'Grundnerv' der geisteswissenschaftlichen Forschungsaufgaben, den *allen* Religionen gemeinsamen übersinnlichen Wahrheitsgehalt herauszuarbeiten und dadurch 'gegenseitiges Verständnis der Einzelnen aus den Initiationen hervorgehenden religiösen Strömungen über die Erde zu bringen' *(Steiner, 23.4.1912, GA 133, S.61ff)* Daraus ergibt sich als logische Folge, dass von der Anthroposophie her gesehen praktische Religionsausübung innerhalb einer Konfession Privatsache des Einzelnen sein muss. Das findet sich auch in den Statuten der *(Anthroposophischen)* Gesellschaft von Anfang an ausgedrückt. ...
'Religion' innerhalb der Anthroposophischen Gesellschaft, als Teil ihrer Aufgabe Wissenschaft - Religion - Kunst wiederzuvereinen, kann sich nie in den begrenzten Rahmen einer Religion, einer einzelnen Kirche einzwängen, 'da die Anthroposophie ihrem Wesen nach interreligiös ist.' » *(Hella Wiesberger, Einleitung zu GA 265)*

Mit dem Kreis freier christlicher Sakramente: den Schulhandlungen, der Opferfeier und den Freien Sakramenten (insbesondere Taufe, Trauung, Bestattung) realisierte Rudolf Steiner wieder und neu die Mündigkeit des einzelnen Christen, das Allgemeine Priester-Sein (-Können) (= «Laien-Priestertum» *(Maria Lehrs-Röschl, GA 265)*) des urchristlich, pfingstlich gestimmten, freiheitlich gesinnten Christen, das nicht mehr von der geweihten Persönlichkeit dem Katalysator "Priester", vom "Hirte und Schafe"-Verhältnis, von einer spezifischen Religionsgemeinschaft / Kirche bestimmt und abhängig ist.
« Was in der Entwicklung der Christenheit als Sehnsucht und Streben nach *Laienpriestertum* immer wieder erstand - allerdings auch immer wieder verfolgt und schließlich zum Verschwinden gebracht

wurde -, das hat hier durch Rudolf Steiner eine neue Keimlegung erfahren. » *(Maria Lehrs-Röschl)*

Die Messe (aber auch die «Menschenweihehandlung» der «Christengemeinschaft») stellt strukturell noch die alte, traditionelle Ebene des *«indirekten Kultus»* dar, der die Wandlung des Menschen über den "Umweg" der physischen Substanzen von Wein und Brot (außerhalb des Menschen) vollzieht: Es werden 1. Wein und Brot gewandelt, diese werden 2. dem Kommunikanten gereicht, eingenommen und wandeln dann 3. (also "indirekt") diesen.

Die nächste Station der Kultus-Evolution wird der *«direkte Kultus»* sein. Dies ist mit der Opferfeier gegeben. Während der «Kommunion» können dort die Kräfte Christi direkt Leib und Blut des Menschen ergreifen, *wenn* dieser sich würdig zur empfangenden Schale bildet. Die Transsubstantiation wird (ohne "Umweg" über Wein und Brot) direkt mit Leib und Blut des Kommunikanten (durch eine Art Handauflegung) vollzogen. Die Opferfeier ist die weitergeführte Form der Messe zum direkten Kultus.

Nicht nur auf der kultischen Ebene, auch auf der sozialen schreitet der freie christliche Kultus weiter, indem er von einem allgemeinen Priester-Sein, d.h. durch nicht "geweihte", geistlich gleichberechtigte "Laien" getragen wird und - im Prinzip - jeden strebenden Christen urchristlich zum sakramentalen Handeln auffordert und berechtigt. [10]

Diese Kompetenz wird hier nicht von einer Institution, von Menschen verliehen, es ist kein irdisches Amt (gar auf Lebenszeit mit beamtenähnlichem Status einer "Körperschaft des öffentlichen Rechts"), sondern erfließt aus der "direkten" Beziehung zur Geistigen Welt:

« Begegne ich ihm *(dem Anderen)* so, dass ich bereit bin, mein Bewusstsein (zeitweilig) für ihn zu opfern, dass seine Entfaltung mir also wichtiger ist als die meine, vollziehe ich - indem ich für ihn ersterbe - in gewissem Sinne eine Nachfolge Christi. Dann nah ich ihm in Seinem Namen. Dann werde ich im gleichen Augenblick von Christus selber zum Priester geweiht: Seine Gegenwart ist Weihe - in diesem Augenblick und für diesen Augenblick. Im Gegensatz zum Amtspriester, der für sein ganzes Leben geweiht wird (und damit

---

10   «Und Jesus trat zu ihnen und sprach: ' Mir ist alle Gewalt übergeben im Himmel und auf der Erde. Darum gehet hin und machet zu Jüngern alle Völker und *taufet sie* im Namen des Vaters und des Sohnes und des heiligen Geistes.' » *(Matt. 28,18-19)* Taufen ist *sakramentales* Handeln.

auch dem gesellschaftlichen Kräftespiel entzogen sein soll), gilt die Weihe des sozialen Priesters nur für jene Zeitspanne, in der er «agapisch» einem Mitmenschen begegnet. Jede neue Begegnung wird ihn wieder vor die Probe stellen: Wie bist du mit Ihm zusammen?

Es ist ein inneres, ein mystisches Erlebnis dieses Menschen. Kein Kreis von Priestern umringt ihn, kein Recht auf die Weihe kann erworben werden, keine gelungene sakrale Handlung berechtigt zu einer folgenden, wie sehr man es sich auch zum Beruf machen kann, *jedem* Menschen in Seinem Namen zu begegnen. Und nur das, was sich bei der Begegnung mit dem Andern ereignet, gibt Antwort auf die Frage, ob hier ein "Priester" zelebriert hat.

Es ist auch sonst ein Geschehen in denkbar größter Einsamkeit. Der Andere, die Anderen sind ja nur die Auslöser. Die soziale *(bzw. allgemeinchristliche)* "Priesterweihe" ist ein Sakrament, das, im übertragenem Sinne, der Christus unter vier Augen vollzieht. Nicht einmal der Andere, der Mensch in Not, braucht zu merken, dass an seinem Gegenüber die Priesterweihe vollzogen wurde; es sei denn, dass er die helfende Kraft des Sakramentes nicht nur erfährt, sondern auch wahrnimmt. » *(Dieter Brüll, «Bausteine für einen sozialen Sakramentalismus»)*

Auch dieser - wie jeder - Kultus braucht die Schale der Gemeinschaft. Hier ist es eine Gemeinschaft die aus dem Tiefenblick der Anthroposophie schöpfen kann.

« Das Christus-Wort: 'Wo zwei oder drei versammelt sind in meinem Namen, da bin ich mitten unter ihnen' erleuchtet und erfüllt, gerade wenn man es im Blick auf die 'Wiederkunft Christi' versteht, eine wichtigste Gegenwartstendenz. Dieses Wort enthüllt ja die höhere Vollmacht der Gemeinschaft gegenüber den Möglichkeiten, die der Einzelne besitzt.

Wahre Gemeinschaftsbildung ist ein Mittel zur Herbeirufung helfender göttlicher Kräfte, sie ist schließlich ein Mittel zur Verwirklichung des neuen Kommens Christi selbst. » *(Emil Bock, «Michaelisches Zeitalten»)*

Solche Gemeinschaft sollen und können wir bauen, als gleichberechtigte Geschwister, im gemeinsamen Schaleerbilden, undogmatisch, aber spirituell als wahrhaft ERlauscht.

Die Gemeinschaft zusammenarbeitender Anthroposophen in der Anthroposophischen Gesellschaft ist dazu ein Weg.

Und so werden diese "Schul"-Handlungen für die Freien Waldorfschulen und den heilpädagogischen Heimen - «exterritorial» - offiziell von der Anthroposophischen Gesellschaft gegeben.

Doch «Diese Handlung kann überall gehalten werden, wo Menschen sie wünschen.» *(Rudolf Steiner, GA 265)* Und zwar von Menschen deren Auftraggeber ER und das nachfragende DU ist: frei und christlich.

So sind diese Handlungen - insbesondere die «Opferfeier» - auch der Ausgangspunkt für einen "anthroposophischen Kultus" über die Schulen hinaus, wie es Anthroposophen als Freie Christen z.B. in der «Freien christlichen Arbeits-Gemeinschaft» *(siehe «Adressen»)* versuchen.

Die Zeichen der Zeit sind düster genug, sollten wir nicht endlich aufbrechen, unseren Stern suchen, erwachen und IHN suchen ?

Unser Schicksal führte uns zu dieser Oase in der Wüste unserer Zeit.

Wir stehen mit den freien christlichen Handlungen vor der Chance eines zeitgemäßen und zeit-not-wend-igen «Anfanges des Christentums», der Auferstehung des *überkonfessionell* wirkenden, urchristlichen Geistes in nun apokalyptischer Zeit ...

Diesen Stern wollen wir mit dem freien christlichen Religionsunterricht in jedem Kind entzünden, dass es seinen ganz individuellen, autonomen Weg zu IHM findet. In den Sonntagshandlungen und aber auch für uns Erwachsene in der Opferfeier, kann ER uns tränken, immer freilassend und doch wartend auf unsere Hin-Wendung.

Folgen wir unserem Stern zu dieser Quelle, bevor wir eines Tages bemerken, dass wir am verdursten sind ...

Auf ein pfingstliches Feuer
das in uns für ein freies, individuell authentisches Christ-Sein brennen möchte ...

Herzlich Ihr
FORUM KULTUS
Volker David Lambertz

Bloss ist mein Christentum
absolut nicht kirchlich gebunden.
Ich bin ein richtiger Ketzer
für Christus ! ...
Das Priestertum des Menschen
ist das einzige,
das mir einleuchtet,
und darum bin ich so dankbar,
dass ich Rudolf Steiner begegnete.

Maria Röschl-Lehrs,
«Vom zweiten Menschen in uns», S.11, 1972

Arbeitsmaterial Zur Kultus-Frage

Der freie christliche Impuls in der Waldorfschule

Helmut von Kügelgen

Der freie christliche Religionsunterricht wurde von Rudolf Steiner in den Lehrplan der Freien Waldorfschule eingefügt, bevor die Schüler ihre Stundenpläne erhalten hatten. Als sich herausstellte, dass ein wesentlicher Teil der Schülerschaft von Haus aus keiner Religionsgemeinschaft angehörte, – die Eltern der Arbeiterkinder der Waldorf Astoria Zigarettenfabrik waren zum größten Teil Dissidenten – war das seine Antwort auf diesen Tatbestand. Sie hätten sonst keinen Religionsunterricht gehabt, während für die Kinder der evangelischen oder katholischen Elternhäuser die Vertreter der Kirchen den Freiraum für den Religionsunterricht erhielten. Rudolf Steiner nannte dieses Hereinragen von konfessionellem Unterricht in das Gebiet der Schule „Golfe", Unterricht, der „exterritorial" verantwortet wird und dadurch am deutlichsten zeigt, dass die Waldorfschule keine Weltanschauungsschule ist, aber auf Religionsunterricht für die Kinder größten Wert legt. Es sollte auch auf religiösem Gebiet das weiter gepflegt werden, was die Kinder aus dem Elternhaus mitbringen. In gleicher Weise ragt, aus dem anthroposophischen Mutterboden der ganzen Waldorfschulpädagogik geschöpft, der freie christliche Religionsunterricht in die Schule hinein. Das Bedürfnis, diesen Unterricht einzurichten, entspringt der rein erzieherisch-pädagogischen Wurzel, der die Waldorfschule als Ganzes ihre Prägung verdankt.

Die freie Waldorfschule entstand als Einrichtung des freien Geisteslebens aus der Bewegung zur Dreigliederung des sozialen Organismus. Die soziale Neuordnung, die Rudolf Steiner als „Friedensbewegung" am Ende des ersten Weltkrieges darstellte, zielte auf eine kulturelle Erneuerung von den Fundamenten her: das Wirtschaftsleben auf das Ideal der Brüderlichkeit, auf einen Sozialismus nicht des Klassenkampfes, sondern der Liebe zu gründen; – im Rechts- und Staatsleben die demokratische Gleichheit aller Menschen zu berücksichtigen; das Geistesleben von der Bevormundung durch den Staat oder die Wirtschaft zu befreien, so dass in schöpferischer Liberalität, in freier Selbstbestimmung die Einrichtungen des Geisteslebens sich ihre Ordnungen geben können, aus Erkenntnis und geistiger Impulsierung handelnd. Das Letztere bedeutet für die Schule eine Erziehung aus den Entwicklungsgesetzen des heranwachsenden Kindes. Da das kleine Kind elementare religiöse Kräfte der Hingabe, des aufschauenden Vertrauens und des Einsseins mit der gottgeschaffenen Welt in seine Inkarnation mitbringt, sind auch diese lebensgestaltenden, in Willenstiefen noch unbewusst waltenden Anlagen zu entwickeln. Für das religiöse Gebiet muss also Gedankenfreiheit mit einer Sittlichkeit begründenden Willenserziehung verbunden werden. Die harmonische Einheit des seelischen Lebens in Denken, Fühlen und Wollen soll in der Schule durch „lebendig werdende Wissenschaft, lebendig werdende Kunst, lebendig werdende Religion" – durch die sich harmonisch durchdringenden drei großen Ideale des Kulturlebens – „geschult" werden: das ist Unterricht und Erziehung des ganzen Menschen.

Wie den Altersstufen gemäß Wissenschaftlichkeit und künstlerische Feinfühligkeit lebendig gemacht werden, ist in der reichhaltigen Literatur der Waldorfschule immer wieder dargestellt worden. Auch der dritte Schritt, religiöse Vertiefung und Verinnerlichung in jedem Unterricht, wird in diesen Schriften zu finden sein. Auf den beiden Gebieten der Wissenschaft und Kunst sind mannigfache Studien für einzelne Fächer zu ihrer Erneuerung und pädagogischen Bedeutung veröffentlicht worden. Für das religiöse Gebiet fehlt bisher eine gründliche Materialsammlung und zusammenfassende Darstellung. Hier soll dieses Buch [11] den ersten Schritt zu weiterer Arbeit bringen, indem es aus dem Werk Rudolf Steiners, aus seinen Konferenzbesprechungen mit der ersten Lehrerschaft und aus Unterrichtserfahrungen Material vorlegt.

Es sei noch einmal betont, dass es eine pädagogische Forderung, nicht eine weltanschauliche ist, die Rudolf Steiner veranlasste, auch für die Kinder Religionsunterricht einzuführen, die durch keine Kirche oder Religionsgemeinschaft „versorgt" werden. Das kleine Kind ist in den ersten sieben Jahren in seinem hingebungsvollen Nachahmen, in seiner Willensnatur als ursprünglich handelndes, tätiges Wesen, als sich inkarnierende Geist-Seele elementar „religiös" gestimmt. Es liegt im Menschen eine religiöse Orientierung, weil er in seinem Erdenschicksal in der göttlichen Welt beheimatet bleibt.

---

11   «Zur religiösen Erziehung - Wortlaute Rudolf Steiners als Arbeitsmaterial für Waldorfpädagogen», siehe Literaturhinweise.
Die wichtigsten Beiträge daraus sind hier in der vorliegenden Zusammenstellung enthalten.

Er will im Grunde diese Verbindung mit der geistig-himmlischen Welt nicht verlieren. Wird er altersstufengemäß im zweiten Lebensjahrsiebent in das Seelisch-Gemüthafte, im dritten Jahrsiebent in die Urteilsfähigkeit und Gedankenkraft eingeführt, erwachen die spirituell schöpferischen Kräfte der frühen Kindheit wieder nach der Pubertät. Scharf formuliert Rudolf Steiner in einer Fragenbeantwortung in Dornach, 18.4.1923, nach einem Vortrag: „Man muss alle menschlichen Anlagen zur Ausbildung bringen. ... es muss einem vorkommen, wenn man den Religionsunterricht ersetzen will durch Moralunterricht, wie wenn man ein physisches Glied des Menschen, ein Bein, nicht ausbilden wollte, weil man zu der Ansicht übergehen würde: der Mensch braucht alles, aber nicht die Beine auszubilden. Das weglassen zu wollen, was zum Menschen gehört, das kann einem Fanatismus, aber niemals einer Pädagogik entspringen. Insofern hier überall pädagogische Grundsätze verfochten werden, pädagogische Impulse ins Auge gefasst werden, folgt die Notwendigkeit des Religionsunterrichtes durchaus vom pädagogischen Gesichtspunkte."

Nun erhalten durch den freien christlichen Religionsunterricht alle Schüler, auch die konfessionslosen, Religionsunterricht. Rudolf Steiner fährt fort: „Wir haben dadurch die Möglichkeit, gerade wiederum das religiöse Leben in die Schule zurückzuführen. Das wird vielleicht die beste religiöse Erneuerung sein, wenn man davon spricht, das religiöse Leben in der Schule richtig zu pflegen, wenn man es dahin bringt, dasjenige, was heute als religionslose Aufklärung wirkt, dadurch zu bekämpfen, dass man einfach an die ursprüngliche religiöse Anlage des Menschen appelliert. Ich betrachte das als eine Art von Erfolg in der Waldorfschule, dass wir die Dissidentenkinder auf diese Weise zum Religionsunterricht gebracht haben."

Das Problem des Religionsunterrichtes erneuert sich mit jedem Aufnahmegespräch, das die Lehrer mit den Eltern führen, die ihre Kinder der Waldorfschule anvertrauen wollen. Auf der einen Seite spricht Rudolf Steiner von dem auch heute von der Waldorfschullehrerschaft vertretenen Ideal, dass die Teilnahme an einem Religionsunterricht freiwillig ausgewählt werden soll, andererseits ist er entschieden der Meinung, dass „wir das nicht einführen wollen, dass Kinder keinen Religionsunterricht haben." Wenn Freiheit als das Handeln aus Einsicht in das Wahrhaftige beschrieben werden kann, so geht es in jedem Aufnahmegespräch darum, die Einsicht in die pädagogische Notwendigkeit des Religionsunterrichts zu erwecken. Wo ein konfessioneller Religionsunterricht angeboten und von den Eltern gewünscht wird, gibt es keine Probleme. Wo kein konfessioneller Religionsunterricht angeboten oder gewünscht wird, entsteht der scheinbare Gegensatz zwischen pädagogischer Notwendigkeit und Freiheit der Wahl. Im Grunde ist das aber die Frage nach der Entscheidung für die Waldorfschule im Ganzen, in der vieles aus pädagogischer Einsicht anders gehandhabt wird als im staatlich bestimmten Schulwesen. Es muss also der freie christliche Religionsunterricht als Teil des Gesamtlehrplanes der Waldorfschule dargestellt werden, in dem über allen Unterricht hinaus die religiösen Kräfte gepflegt und entwickelt werden, ohne dass damit eine konfessionelle oder im dogmatischen Sinne festgelegte Weltanschauung den mündig werdenden Schüler daran hindert, eigenständig seine zukünftige Bindung an eine Religionsgemeinschaft zu bestimmen.

Ein weiteres Problem entsteht heute in zunehmendem Maß dadurch, dass sowohl die Waldorfpädagogik im Ganzen als auch der freie Religionsunterricht „christlich" sind. Als allgemeine Menschenschule wird die Waldorfschule in allen Ländern auch von jüdischen, islamischen, buddhistischen Eltern gewählt, verstanden und getragen. In Ägypten, in Japan sind Waldorfschulen im Entstehen. Aber nicht nur in diesen Ländern, auch in den Vereinigten Staaten von Amerika und in Europa gibt es Menschen, die dem Wort „christlich" die größten Vorurteile, ja die entschiedene Ablehnung entgegenbringen, weil sie sich über das Christentum entsprechende Vorstellungen gebildet haben. Öfter kann man der Ablehnung nur zustimmen, wenn man hört, wie eng, fanatisch oder unspirituell diese Vorstellungen über das Christentum sind. Was trübt oder färbt diese Vorstellungen, mit denen das Wort „christlich" belastet wird? Um nur einige zu nennen: Die Zerrissenheit der Christenheit: Pogrome und Gewalttätigkeit; Glaubenskriege und grausame Eroberungen; das wirtschaftliche Machtstreben des Materialismus; das naturwissenschaftlich an die Tierreiche angeschlossene Menschenbild, das auch in dem Jesus von Nazareth nur einen liebenswerten Zimmermannssohn sehen kann; der Mensch als Körperwesen, dessen geistig-seelisches Wesen nicht mehr ohne die Leibesfunktionen gedacht werden kann.

Nein, damit sind die Gegenmächte beschrieben, die in unserem Jahrhundert Triumphe feiern und zu einem Kulturniedergang ohne Beispiel in der Geschichte geführt haben. Wie für alle Kinder gilt, dass sie mit der Gabe elementarer Religiosität geboren werden, so ist Christus für alle Menschen gestorben und auferstanden. Die anthroposophische Menschenkunde schließt das Wesen des Menschen wieder an die göttliche Welt an und sucht die Worte für ein Christusverständnis, das auch der Hindu, Chinese und Japaner annehmen und verstehen kann; das aber auch dem Materialismus der westlichen Welt Christus als den „Menschheitsrepräsentanten" verständlich macht, als den Erlöser aus dem Albdruck der Vorstellungen, die im Menschen nichts als das vergängliche letzte Glied der Tierreihe sehen.

Das setzt ein Christusverständnis voraus, das in die Zukunft der Menschheit hinein, als kommendes, sich ausbreitendes, zu erringendes Pfingstereignis mehr und mehr zu gewinnen ist. Mit der Formulierung Rudolf Steiners „Das Christentum hat begonnen als Religion, ist aber größer als alle Religionen" ist eine Erkenntnisaufgabe gestellt. Das Christentum der Waldorfpädagogik liegt in der „Wahrheit, die uns frei machen wird", wenn sie in ihrer Größe erkannt wird. Keime zu dieser Zukunftsperspektive liegen auch im Auftrag des freien christlichen Religionsunterrichtes. In diesem Sinne - „Anthroposophie als Erkenntnisgrundlage des Geistigen in Welt und Mensch und als Seelenimpuls für moralisches und religiöses Leben" (GA 239) - hat ihn Rudolf Steiner in den Konferenzen auch den „anthroposophischen Religionsunterricht" genannt. Anthroposophie ist eine Pfingstgabe an die Welt - und die kultischen Handlungen des freien christlichen Religionsunterrichtes wurden aus diesem Feuer der Pfingstflammen über den Häuptern der Pfingstgemeinde geboren.

Aus: «Zur religiösen Erziehung - Wortlaute Rudolf Steiners
als Arbeitsmaterial für Waldorfpädagogen».
Herausgegeben als Manuskript von der Pädagogischen Forschungsstelle
beim Bund der Freien Waldorfschulen, Stuttgart

Arbeitsmaterial Zur Kultus-Frage

Vom Entstehen des freien christlichen Religionsunterrichtes in der Waldorfschule und vom Einrichten der Sonntagshandlungen

Herbert Hahn

Als im Frühling und im Sommer 1919 die grundlegenden Gespräche über den inneren Aufbau der Freien Waldorfschule mit Rudolf Steiner geführt wurden, war zunächst von der Einrichtung eines besonderen, im Geiste der Waldorfschulpädagogik zu erteilenden Religions-Unterrichtes nicht die Rede. Rudolf Steiner äußerte sich einmal in dem Sinne, dass Dank der zentralen Stellung, die eine im Übersinnlichen verankerte Menschenkunde in der Waldorfschul-Pädagogik hat, im Grunde jede einzelne Unterrichtsstunde den Bedürfnissen Rechnung trage, die sonst in einem ausgesonderten Religionsunterricht gepflegt werden.

Aber schon im Herbst 1919 wurde ein fachlich herausgehobener, in je zwei Wochenstunden zu erteilender „freier Religionsunterricht" in den Lehrplan der Waldorfschule aufgenommen. Diese für manche überraschende Wendung erfolgte - wie alle Schritte auf dem Lebenswege Rudolf Steiners - auf Grund konkreter, vom Leben selbst abgelesener Notwendigkeiten. Es hatte sich inzwischen ergeben, dass beträchtliche Gruppen evangelischer und katholischer Eltern darauf Wert legten, dass für die Kinder neben dem allgemeinen Unterricht der Waldorfschule ein besonderer konfessioneller Religions-Unterricht eingeführt werde. Rudolf Steiner entsprach diesem Wunsche eines großen Teiles der Elternschaft. Er nahm die Religionsstunden aber in der Form auf, dass sie nur „auf dem Boden der Freien Waldorfschule", also gleichsam „exterritorial" erteilt werden sollten. Mit anderen Worten: die Waldorfschule stellte für den Religionsunterricht nur die Räumlichkeiten zur Verfügung, lehnte aber jede pädagogische Verantwortung für ihn ebenso sehr ab, wie sie auf jede Einflussnahme verzichtete. Bei den Erwägungen, die die Durchführung dieses Schrittes begleiteten, ergab sich aber, dass eine Gruppe von Schülern übrig blieb, die weder für einen evangelischen noch für einen katholischen, noch sonst für einen konfessionellen Religions-Unterricht in Frage kamen. Es handelte sich hauptsächlich um die Kinder von Arbeitern und Angestellten der Zigarettenfabrik Waldorf-Astoria, die ja als Gründerin der neuen Schule zugleich auch den Kern der ersten Schülerschaft gestellt hatte. Nachdem überhaupt die Einrichtung eines besonderen Religions-Unterrichtes sich als notwendig erwiesen hatte, wollte Rudolf Steiner nicht, dass die Kinder der konfessionslosen Eltern durch das völlige Wegfallen von Religionsstunden in eine Sonderstellung gerückt würden. So richtete er für diejenigen unter ihnen, deren Eltern solches ausdrücklich wünschten, einen nicht-konfessionellen christlichen Religions-Unterricht ein, der den Namen „freier Religions-Unterricht" erhielt. Dieser Unterricht hatte von Anfang an nichts mit dem „Freireligiösen" im überkommenen Sinne des Wortes zu tun. Ohne Hinblick auf konfessionelle Bindungen und mit dem einzigen Ziel, die Kinder für ihr späteres Wirken mit lebendigen religiösen Kräften auszustatten, stellte er es sich zur Aufgabe, die großen Grundwahrheiten des Christentums in freier Weise darzustellen und zu entfalten. Da er von Lehrern der Waldorfschule oder von Freunden der Waldorf-Pädagogik erteilt werden sollte, durfte er für seine Methodik die Gesichtspunkte in Anwendung bringen, die sich aus der geisteswissenschaftlichen Menschenkunde Rudolf Steiners ergeben. Doch ebenso wenig wie der allgemeine Unterricht in der Waldorfschule wurde er als ein „Unterricht in Anthroposophie" veranlagt. Bei jedem ernsten Eingehen auf die Elemente der Pädagogik Rudolf Steiners musste sich ja erweisen, dass eine solche im missverstandenen Sinne „anthroposophische Tendenz" sich selbst aus dem lebendigen Erziehungsstrom ausschaltet. War dieser Unterricht aber einerseits mit der Methodik des Waldorfunterrichts verbunden, so sollte er sich in seiner organisatorischen Eingliederung in das Ganze der Schule doch in keiner Weise vom konfessionellen Religions-Unterricht abheben. Das heißt: auch der freie Religionsunterricht konnte nur als „exterritorial" aufgenommen werden.

Als erste Lehrer für diesen Unterricht wurden im Herbst (wahrscheinlich im Oktober) 1919 durch Rudolf Steiner berufen: Friedrich Oehlschlegel für die Klassen 5 bis einschließlich 8; Herbert Hahn für die Klassen 1 bis einschließlich 4. Die genannten Klassenstufen wurden in je zwei große Gruppen zusammengefasst: eine Gruppe der unteren und eine Gruppe der oberen Volksschulklassen; so dass Oehlschlegel wie auch der Schreiber dieses Beitrages nur je zwei Religionsstunden in der Woche zu erteilen hatten. Die große methodische Grund-Disposition für beide Stufen des Unterrichts wurde durch Rudolf Steiner in einer Konferenz vom 26. September 1919 gegeben.

Einige Wochen, nachdem der neue Unterricht eingeführt worden war, also im Spätherbst des gleichen Jahres (am 3. November 1919), fand in der Waldorfschule ein Elternabend statt für die Eltern, deren Kinder diesen Religionsunterricht besuchten. Auf diesem Elternabend wurde, soweit ich mich erinnere, nur eine einzige Frage besprochen. Es handelte sich darum, ob nicht für die Kinder, die zum freien Religionsunterricht gehörten, so etwas eingerichtet werden könne wie eine Sonntagsfeier. Hauptsächlich war es wieder Emil Molt, der Gründer der Waldorfschule, der sich zum Sprecher dieses in der Elternschaft auflebenden Willens machte. Nachdem von den Anwesenden Anregungen gegeben worden waren, wurden Oehlschlegel und ich gebeten, uns weiter mit dieser Frage zu beschäftigen. Wir sollten einige Vorschläge ausarbeiten, und es wurde vereinbart, dass wir diese mit Dr. Steiner bei dessen nächster Anwesenheit in Stuttgart besprechen sollten.

Oehlschlegel und ich erlebten deutlich, dass die aus der Elternschaft kommenden Anregungen einem heranwachsenden Bedürfnis entsprachen. Der Unterricht verlangte von innen her nach etwas, das über die bloße Unterweisung hinausgehen und den Charakter einer Feier tragen musste. Aber sobald wir anfingen, uns konkretere Vorstellungen über die Art dieser Feier zu machen, befanden wir uns in großer Verlegenheit. Worauf wir verfielen, kam uns entweder als Abklatsch eines Alten, Hergebrachten vor, oder es erschien uns zu subjektiv. Man dachte etwa an die Verlesung eines Evangelien-Abschnittes, an kleine Ansprachen; oder an die eurythmische Darstellung der Sprüche aus dem Seelenkalender Rudolf Steiners. Wirklich erlöst waren wir daher, als Dr. Steiner in der Weihnachtszeit 1919 wieder nach Stuttgart kam und uns auch bald die Zusage gab, die uns sorgenden Fragen einmal mit uns zu besprechen. Das Gespräch fand im kleinen Vorraum des jetzigen Verwaltungsrats-Zimmers statt. Wir berichteten Rudolf Steiner über den erwähnten Elternabend und über unsere bisherigen Bemühungen. Mit großer Geduld und mit seinem gütig-ernsten Lächeln hörte er sich alle Einzelheiten an. Er äußerte sich nur zu dem Vor-

schlag, bei den einzurichtenden Sonntagsfeiern die Wochensprüche eurythmisch darzustellen. „Eurythmie?" - sagte er langsam - „Aber das ist doch eine weltliche Kunst! Da müsste ich dann
schon Formen für eine besondere Art *kultischer Eurythmie* geben."
Nun entstand, soweit ich mich erinnere, eine Pause im Gespräch.
Plötzlich ging es wie ein Ruck durch die Gestalt Rudolf Steiners und
mit großem Nachdruck rief er: „Das muss dann schon ein Kultus
sein!"
Wir sahen ihn überrascht an. Und weiterhin mit Nachdruck sprech-
end, sagte er: „Aber es wird sehr schwer sein, ihn hinzustellen. Denn
wenn wir ihn einführen, muss er völlig „tabu" sein!"
Dann fuhr er nach einer kleineren Pause in gewöhnlichem Tonfall
fort: „Aber es wird schon gehen, ihn hinzustellen: er müsste so hingestellt werden, dass er etwas ist."
Und wieder nach einer Weile des Nachsinnens:
„Könnte er gegeben werden, dann wäre er zugleich die erste
Wiederanknüpfung an unsere durch den Krieg unterbrochene
Esoterik."
Rudolf Steiner sagte nun noch, er werde prüfen, welche Möglichkeiten für das Aufnehmen eines solchen Kultus vorhanden seien,
und uns dann Bescheid geben. Damit war dieses Gespräch be-
endet.
Für die geschichtliche Entwicklung unserer Arbeit ist es von Bedeu-
tung festzuhalten, dass der Gedanke an einen Kultus in Oehl-
schlegels und meinen Überlegungen nie aufgetaucht war. Auch,
was wir an Dr. Steiner herangetragen hatten, ging über den Rahmen von Erwägungen über eine „Sonntagsandacht" nicht hinaus.
Der Hinweis auf die objektive Form des Kultus kam ausschließlich
von Rudolf Steiner.
Ein weiteres Gespräch über diese Fragen fand nicht statt. Wenige
Tage später übergab uns Dr. Steiner als Antwort den Text der ersten
Sonntagshandlung. Wir schrieben ihn uns ab, Oehlschlegel behielt
das Original bei sich. Im Einvernehmen mit Frau Bertha Molt und
Frau Hertha Kögel, die Dr. Steiner als Helferinnen bei den Sonntagshandlungen angewiesen hatte, gingen wir an die Vorbereitung
der ersten Handlung. Es ging vor allem darum, den Handlungsraum
im jetzigen Säulensaal der Waldorfschule einzurichten.
Über alle Einzelheiten dieser Einrichtung konnten Oehlschlegel und
ich noch ein Gespräch mit Dr. Steiner haben. Er zeichnete genau
die Form des Altars auf und machte die Angabe, dass dieser eben-

so wie der ganze Handlungsraum rot sein solle. Für die Leuchter gab er schwarz als Farbe an. Er sagte, es sollen sieben Leuchter im vorspringenden stumpfen Winkel aufgestellt werden und so, dass der kleinste die Spitze bilden, die beiden größten zu äußerst stehen sollten. An der Altarwand sei Leonardo da Vincis in der Brera in Mailand aufbewahrte farbige Skizze zum Christuskopf im Abendmahl aufzuhängen; und zwar im blauen Rahmen.

Die Angaben für die rechts und links vom Altar stehenden und für die beiden Helfer bestimmten Stühle sind von Dr. Steiner erst später, als die Opferfeier eingerichtet wurde, mitgeteilt worden. Ursprünglich standen keine Stühle da. Über die Orientierung des Altars bzw. des ganzen Raumes wurden von Dr. Steiner keinerlei Angaben gemacht.

Ich erinnere mich, dass Dr. Steiner bei dem Gespräch, in dem er uns alle diese Einzelheiten übermittelte, von ganz besonderer Wärme und Aufgeschlossenheit war. Er gab uns zu verstehen, dass er miterlebte, wie wir den Beginn der Handlungen als etwas Großes und sehr Bedeutungsvolles empfanden. Mit unvergesslicher Herzlichkeit geleitete er uns nach Beendigung des Gespräches hinaus. Der eigentliche Anfang der Handlungen sollte für mich eine einschneidende schicksalhafte Wendung bringen. Im Januar 1920 entschloss sich Friedrich Oehlschlegel plötzlich, eine Reise durch die Vereinigten Staaten von Amerika anzutreten. Als Deutsch-Amerikaner glaubte er Möglichkeiten zu sehen, in den Staaten ein starkes Interesse zu entfachen für die Idee der Dreigliederung des Sozialen Organismus. Die Reise erfolgte ohne Verständigung mit Dr. Steiner und unter z. T. auch heute noch rätselhaften Voraussetzungen. Sie verlief unglücklich. Oehlschlegel erkrankte in Amerika bald so schwer, dass er für immer aus dem Verband der Waldorfschule ausscheiden musste. So stand ich vor der schweren Aufgabe, die eigentliche Einführung der Sonntagshandlung ganz allein tragen zu müssen. Die erste Handlung fand am 1. Februar 1920 unter starker Beteiligung in festlicher Art statt. Von da ab wurde es meine Aufgabe, über ein Jahr lang die Sonntagshandlung, und auch die nach ihr von Rudolf Steiner gegebenen kultischen Handlungen (Weihnachtshandlung und Jugendfeier) Sonntag für Sonntag allein zu halten. Denn Dr. Steiner berief nach Oehlschlegels Abgang zunächst keinen neuen Religionslehrer. Ich hatte nunmehr auch die bisher von Oehlschlegel geführte Gruppe (Kl. 5 - 8) unterrichtlich zu betreuen. Als nächster Lehrer für den freien Religions-

Unterricht trat später Ernst Uehli an meine Seite. Ihm folgte dann Wilhelm Ruhtenberg. Auch Adolf Arenson und Sigismund von Gleich haben vorübergehend Gruppen des freien Religions-Unterrichts geführt. Dr. Karl Schubert nahm, bald nach seiner Ankunft aus Wien, im Februar 1920 an einer der ersten Sonntagshandlungen teil. Er ist aber erst einige Jahre später Religionslehrer geworden.

Dr. Steiner hat, wenn er gerade in Stuttgart war, die Sonntagshandlungen immer wieder besucht. Zum ersten Mal wohnte er am 29. Februar 1920 einer Sonntagshandlung bei. Bei einigen dieser Besuche begleitete ihn auch Frau Dr. Steiner. Im Übrigen legte Dr. Steiner den allergrößten Wert darauf, dass diese Handlungen, auch was die an ihnen Teilnehmenden betrifft, streng im Verband der Schule blieben. Er hielt es für natürlich und erstrebenswert, dass an ihnen außer den in Frage kommenden Kindern auch alle Mitglieder des Lehrerkollegiums der Waldorfschule teilnahmen. Sonst sollte sich die Teilnahme der erwachsenen Besucher auf die Eltern der betreffenden Kinder oder - bei in Pension befindlichen Kindern- auf die Stellvertreter der Eltern beschränken. Andere Ansprüche auf den Besuch der Handlungen wurden nicht selten an ihn herangetragen . Er wies sie immer mit Entschiedenheit zurück.

Einmal äußerte er, dass auf der gewissenhaften Wahrung dieser aus der Sache und schicksalhaft gebotenen Grenzen die innere Pflege der kultischen Handlungen mit beruhe.

Da nicht die letzten und kleinsten Einzelheiten bezüglich der Einrichtung der Handlungen und des Raumes mit Dr. Steiner vorher hatten besprochen werden können, fragte ich ihn nach seinen ersten Besuchen einigemal, ob er mit der Art, wie wir seine Hinweise durchgeführt hatten, einverstanden sei, oder ob er für richtig halte, dass das eine oder das andere anders getan werde. Er sagte wiederholt: ‚Es ist gut so.‘ „Es ist alles in Ordnung." Und so besitzen wir auch in Bezug auf diese Einzelheiten eine Bestätigung von objektivem Wert. Als ich ihn bei Beginn der Handlungen noch nach einem Evangelientext fragte, schlug er den Anfang des Johannes-Evangeliums, Joh. 1, 1-14, vor. Dieser Text ist, Sonntag für Sonntag, lange Zeit bei den Handlungen gelesen worden. Später empfahl er für die Auswahl der Evangelientexte eine freie Anlehnung an die älteren kirchlichen Perikopen.

Er sah, wie auch aus seiner ersten Äußerung im Gespräch mit Oehlschlegel und mir hervorgeht, die Einführung der Handlungen als eine äußerst sorgsame und verantwortungsvolle Angelegenheit an. Etwas von dieser Besorgtheit blickte auch noch in seiner Haltung in den ersten Monaten des Jahres 1920 durch. Einige Zeit später äußerte er sich in einer Lehrerkonferenz etwa mit diesen Worten: „Was die Sonntagshandlungen betrifft, kann ich mir die verschiedensten Einstellungen vorstellen. Aber ich kann auch verstehen, dass die, welche mit ihnen zu tun haben, dabei ähnliche Empfindungen haben, wie die ersten Christen, wenn sie in die Katakomben hinunterstiegen." Etwa von dieser Zeit ab konnte man erleben, dass er die Handlungen als ein objektiv Dastehendes, mit den Stunden des freien Religions-Unterrichtes zu einer Einheit Verschmolzenes betrachtete.

Die schon erwähnte Weihnachtshandlung wurde auf eine Anfrage von mir in der Weihnachtszeit 1920 durch Dr. Steiner gegeben. Am 25. Dezember dieses Jahres wurde sie zum ersten Mal gehalten. Ihr folgte die Jugendfeier, die am Palmsonntag des Jahres 1921 zum ersten Mal gehalten wurde. Erst zwei Jahre später gab Rudolf Steiner auf Grund eines aus der Schülerschaft der damaligen oberen Schulklasse geäußerten Bedürfnisses den Text der Opferfeier. Sie wurde in der Osterzeit 1923 durch Dr. Karl Schubert, Dr. Maria Röschl und mich zum ersten Mal gehalten (Palmsonntag, 25.3. 1923).

Wie schon betont wurde, betrachtete Dr. Steiner diese Handlungen nach ihrer Einführung als ein unlöslich mit dem freien Religionsunterricht Verbundenes. Er wollte nicht, dass in Waldorfschulen oder in Instituten der freie Religionsunterricht erteilt wurde, *ohne* dass die Handlungen gehalten werden. Einmal bezeichnete er die Letzteren als dritte Religionsstunde. Mit dieser Äußerung war natürlich nicht verbunden, dass der Besuch der Handlungen für die am freien Religionsunterricht teilnehmenden Kinder im Einzelfalle obligatorisch gemacht werden sollte. Aber bei der allmählich stattfindenden Erweiterung des Kollegiums der Lehrer des freien Religionsunterrichts achtete Dr. Steiner sehr darauf, dass niemand den freien Religionsunterricht geben solle, der nicht zugleich auch Handlungen halte und umgekehrt. Ja, dieser Hinblick auf die Handlungen war, wie die Erfahrung zeigte, stark mitbestimmend für ihn bei der Berufung neuer Lehrkräfte für den freien Religionsunterricht. Er sagte wiederholt: „Ja - der oder der - könnte den freien Religionsunterricht schon ganz gut geben. Aber mit den Handlungen wird's nicht gehen!" An dieser Stelle sei nochmals hervorgehoben, dass Rudolf Steiner es für durchaus möglich hielt, für den freien Religionsunterricht bewährte fähige Persönlichkeiten der anthroposophischen Gesellschaft zu berufen, auch wenn solche Persönlichkeiten nicht zum Lehrerkollegium der Waldorfschule gehörten oder sonst, als Lehrer tätig waren. Aus der außerordentlich zurückhaltenden, zarten und abtastenden Art, mit der Dr. Steiner jede Neuberufung im Religionslehrer-Kollegium des freien Religionsunterrichts behandelte, erwächst für den Ausbau dieses Unterrichtes eine große menschliche und geistige Verantwortlichkeit.

Wenn dieses auf der einen Seite so stark betont werden muss, so ist auf der anderen Seite ebenso entschieden der Legende vorzubauen, als habe Dr. Steiner die hier in Frage kommenden Imponderabilien jemals so behandelt, dass sie irgend einem Mystizismus, irgend einer falschen esoterischen Ambition hätten Vorschub leisten können. Er behandelte sie wie alles andere, was er anfasste, in der Sphäre einer völlig frei lassenden und frei machenden geistigen Klarheit und Sachlichkeit. Seine Äußerungen waren einfach, nüchtern und sehr oft von jenem Humor durchzogen, den er als ein Zeichen der Gesundheit in spirituellen Dingen ansprach. Wer von ihm aufgerufen wurde, bekam das Bewusstsein, in Freiheit dienen zu dürfen. Nicht mehr und nicht weniger.

Rudolf Steiner hat, nach seinem grundlegenden methodischen Vortrag im Jahre 1919 [12] noch viele einzelne Angaben im Hinblick auf den Stoff des freien Religionsunterrichtes gemacht. Es liegt mir am Ende dieser Darstellung noch sehr am Herzen, das Folgende hervorzuheben. Viele der von Dr. Steiner stammenden Hinweise sind aus ganz bestimmten Situationen und im Hinblick auf ganz bestimmte Lehrerpersönlichkeiten gegeben worden. Aus den in diesen Situationen entstehenden - zumeist übrigens kurzen - Gesprächen mit Dr. Steiner war erkennbar, dass er gern an das anknüpfte, was der betreffende Lehrer intensiv gearbeitet hatte, was ihn stark erfüllte. Oft fragte er geradezu: „Was haben Sie denn in letzter Zeit gearbeitet?" - und er überraschte einen dann mit der Angabe: „Nun, das können Sie, in abgewandelter Form, auch mit den Kindern behandeln." Er meinte dann nie ein Ausschütten anthroposophischer Inhalte. Aber das im Lehrer lebendig und darum objektiv Gewordene hielt er, wenn es den Altersstufen entsprechend vorgebracht wurde, für einen guten Stoff. So legte er, wie

---

12   Konferenz vom 26. September 1919, GA 300 a, 1975, S. 98-105

überall in der Waldorf-Pädagogik , auf den schöpferischen Einsatz der Lehrer den allergrößten Wert.
Dies sollte dazu führen, dass wir in der Angelegenheit von Stoffsammlungen, Stoff-Einteilungen und allem, was hierher gehört, nie etwas schematisieren. Es ist innerhalb dieses im höchsten Sinne des Wortes freien Unterrichtes ein fortwirkender Appell an die Initiative seiner Träger und Pfleger.

Aus: «Zur religiösen Erziehung - Wortlaute Rudolf Steiners als Arbeitsmaterial für Waldorfpädagogen».
Herausgegeben als Manuskript von der Pädagogischen Forschungsstelle beim Bund der Freien Waldorfschulen, Stuttgart

Arbeitsmaterial Zur Kultus-Frage

Zur Opferfeier

Maria Lehrs-Röschl

In der Besprechung, die wir Religionslehrer am 9. Dezember 1922 mit Rudolf Steiner hatten, brachten wir auch vor, dass Johanna Wohlrab, eine Schülerin der damals obersten Klasse, gefragt hatte, ob nun die Schüler der Oberklassen nach beinahe zweijähriger Teilnahme an der Jugendfeier nicht eine Sonntagshandlung bekommen könnten, die über die Jugendfeier hinaus weiterführt. Ich erinnere, dass wir Lehrer diese Frage als zumindest verfrüht ansahen und keineswegs erwarteten, dass Rudolf Steiner positiv darauf eingehen würde.
Doch er griff diese Anregung besonders nachdenklich auf und bezeichnete sie als von weit tragender Bedeutung. Er wolle es weiter erwägen. Eine Messe wolle er in die Handlungen, die mit unserem Religionsunterricht verbunden waren, nicht hereinnehmen, ,,aber etwas Messe-Ähnliches können wir machen''.
Im März 1923 übergab Rudolf Steiner in Stuttgart den Text der Opferfeier Dr. Hahn, Dr. Schubert und mir. Wir sollten ihn uns abschreiben. Am Palmsonntag, 25.März, hielten wir drei diese Feier zum ersten Mal für die Schüler der 11. Klasse und die Lehrer.
Es traten danach Kollegen an uns heran mit dem Ersuchen, die Opferfeier für die Lehrer allein zu wiederholen. Wir waren unsicher, ob nicht auch diese Handlung wie die bisher gegebenen nur für die Schüler - wenn auch unter Teilnahme von Lehrern und Eltern - gegeben sei. Ja, wir neigten ausgesprochenerweise zu dieser Meinung. Es wurde mir aufgetragen, Rudolf Steiner diese Frage vorzulegen.
Ich fragte ihn in einer Formulierung, die bereits zeigte, ich sei der Meinung, es gehe nicht an, die Opferfeier anders als für Schüler zu halten. Rudolf Steiner aber blickte mich mit weit geöffneten Augen an (ich kannte diese Geste als seinen Ausdruck überraschten, leicht missbilligenden Erstaunens) und sagte: ,,Warum nicht? Diese Handlung kann überall gehalten werden, wo Menschen sind, die sie wünschen!''
So hielten wir die Opferfeier zum ersten Mal ohne Schüler vor Lehrern allein am Karfreitag, dem 30. März 1923. In der Folgezeit wurde

sie in dieser Weise wiederholt gehalten, insbesondere zum Gedenken an verstorbene Kollegen und bei den jährlichen Begegnungen der ehemaligen Schüler, bisher zunächst nur für die früheren Teilnehmer am freien Religionsunterricht.

Für das Verständnis dieser Handlung gilt es zu versuchen, Rudolf Steiners Ausspruch „etwas Messe-Ähnliches" in *seinem* Sinne zu erfassen. Man kann ja diese Worte verschieden interpretieren und darunter etwas verstehen, was in der Entwicklungslinie der Messe vor oder auch nach dieser einzureihen ist, was rangmäßig unter oder über der Messe steht. Hier können sich leicht subjektive Tendenzen geltend machen, die mit der objektiven Entwicklung dieser Art von Kulthandlungen in Widerspruch stehen. Der Ausdruck „Messe-Ähnliches" besagt ja, dass einerseits Messe-Gleiches vorliegt, andererseits aber doch keine volle Übereinstimmung vorhanden ist.

In frühen Ausführungen Rudolf Steiners [13] finden wir den Hinweis, dass die katholische Messe ihrem Ursprung nach auf Mysterien zurückführt, die von Persien und Ägypten herüberkamen und in diesen Kulturströmungen eine besonders populäre Form angenommen hatten.

Dem Schüler solcher Geheimschulen wurde ursprünglich zunächst die Entstehung der Welt und des Menschen, seine Bedeutung in der Welt verkündet, wie der Weltengeist sich ergoss in jede Erscheinungsform der Schöpfung der Naturreiche, und wie der Mensch ein Zusammenfluss von all dem Geschaffenen sei - die kleine Welt innerhalb der großen. Wie dann der Mensch, der in diese reine Welt durch seine Leidenschaften und Unvollkommenheiten Trübung hineinbrachte, durch die Opferung seiner niederen Natur zur Katharsis, dadurch zur Wandlung seines Wesens und so zur Vereinigung mit seinem göttlichen Ursprung kommen konnte, wurde dem Schüler auf einer nächsten Stufe durch *Handlungen* vorgeführt.

Aus solchen Handlungen jener Mysterien ist die Messe hervorgegangen. Und bis heute entfaltet sich die christliche Messehandlung in den vier Teilen: Evangelium (Verkündigung), Offertorium (Opferung), Wandlung und Kommunion. So ist auch die Opferfeier aufgebaut, und darin gleicht sie der Messe. Keineswegs gleich, also nur ähnlich, ist sie der Messe bezüglich der Substanzen des Opfers

---

13   Z.B. Köln, 17.3.1905, «Über die Bedeutung der Messe im Sinne der Mystik». Veröffentlicht in: Beiträge zur Rudolf Steiner Gesamtausgabe, Heft 110: Die Erneuerung des religiösen Lebens. - Vorträge, Briefe und Dokumente 1905 - 1922, Dornach 1993

und der Wandlung. Es wäre unrichtig zu meinen, in der Opferfeier gäbe es keine Substanzen. Sie sind da in Gestalt des Leibes und des Blutes des Menschen, der sich in seinem *Bewusstsein* zutiefst durchdringen möchte mit dem inneren Erleben des Opfers des Christus auf Golgatha - entsprechend den Worten:
Die Andacht unserer Seelen
Führe in diesen Opferraum
Das Erleben von Christi Menschheitsopfer
mit denen der Teil der Opferfeier schließt, der dem einleitenden „Staffelgebet" der Messe entspricht. Es beginnt also die Ähnlichkeit, das heißt Nicht-Gleichheit mit der Messe im zweiten Teil der Opferfeier.

Für das Geschehen auf dem Altar hat Rudolf Steiner diese Veränderung als in der Entwicklungslinie der Messehandlung gelegen schon 1909 und 1911 sehr klar aufgezeigt, und zwar in der Besprechung der Transsubstantiation zunächst im 14. Vortrag des Kasseler Johannes-Evangelium-Zyklus.[14] Da ist darauf hingewiesen, dass wir erst am Anfang der christlichen Entwicklung leben. Die Zukunft dieser Entwicklung wird in der vollen Erfassung der Tatsache bestehen, dass Christus durch das Mysterium von Golgatha einen neuen Lichtmittelpunkt in der Erde geschaffen hat, so dass seine Worte der Einsetzung des Abendmahls aussprechen, er habe die Erde zu seinem Leib gemacht. Das wird kultisch realisiert an den Substanzen von Brot und Wein.

„Und diejenigen Menschen, welche im Stande sind, den richtigen Sinn dieser Worte des Christus zu fassen, die machen sich Gedankenbilder, die anziehen in dem Brot und in dem Rebensaft den Leib und das Blut Christi, die anziehen den Christus-Geist darinnen. Und sie vereinigen sich mit dem Christus-Geist. So wird aus dem Symbolum des Abendmahls eine Wirklichkeit. Ohne den Gedanken, der an Christus anknüpft im menschlichen Herzen, kann keine Anziehungskraft entwickelt werden zu dem Christus-Geist im Abendmahl. Aber durch diese Gedankenformen wird solche Anziehungskraft entwickelt. Und so wird für alle diejenigen, welche das äußere Symbolum brauchen, um einen geistigen Actus zu vollziehen, nämlich die Vereinigung mit dem Christus, das Abendmahl der Weg sein - der Weg bis dahin, wo ihre innere Kraft so stark ist, wo sie so erfüllt sind von dem Christus, dass sie ohne die äußere

---

14   GA 112, S.268, Dornach 1984.

physische Vermittlung sich mit dem Christus vereinigen können. *Die Vorschule für die mystische Vereinigung mit dem Christus ist das Abendmahl - die Vorschule.* So müssen wir diese Dinge verstehen. Und ebenso wie alles sich entwickelt vom Physischen zum Geistigen hinauf unter dem christlichen Einfluss, so müssen sich zuerst unter dem christlichen. Einfluss heran entwickeln die Dinge, die zuerst da waren als eine Brücke: *Vom Physischen zum Geistigen muss sich das Abendmahl entwickeln, um hinzuführen zur wirklichen Vereinigung mit dem Christus.*

Über diese Dinge kann man nur in Andeutungen sprechen, denn nur, wenn sie aufgenommen werden in ihrer vollen heiligen Würde, werden sie im richtigen Sinne verstanden."

In dieser wie in der hier folgenden Ausführung geht Rudolf Steiner aus von einem Hinweis auf das herannahende Atomzeitalter. Im Jahre 1911 besprach er im Zyklus „Von Jesus zu Christus" [15] den exoterischen Weg, der den Menschen zum Christus führen kann durch das Abendmahl und die Evangelien. Er betont im weiteren, dass dadurch, dass die Menschen durch ihr Streben auf dem inneren Pfade, den die Geisteswissenschaft gibt, reif werden können, „in ihrem Inneren nicht bloß Gedankenwelten, nicht bloß abstrakte Gefühls- und Empfindungswelten zu leben, sondern sich in ihrem Inneren zu durchdringen mit dem Element des Geistes, dadurch werden sie die *Kommunion im Geiste* erleben. Dadurch werden Gedanken - als meditative Gedanken - im Menschen leben können, die eben dasselbe sein werden, nur von innen heraus, wie es das Zeichen des Abendmahles - das geweihte Brot - von außen gewesen ist." [16]

Dieser Weg - so fährt er fort - soll in Zukunft ein exoterischer Weg für die Menschen werden.

„Aber dann werden sich auch die Zeremonien ändern, und was früher durch die Attribute von Brot und Wein geschehen ist, das wird in Zukunft durch ein geistiges Abendmahl geschehen. Der Gedanke jedoch des Abendmahles, der Kommunion, wird bleiben."

Diese beiden Stellen von 1909 und 1911, zusammengeschaut, machen klar, wo die Opferfeier auf der Linie historischer Entwicklung

---

15   GA 131,9. Vortrag, S. 204-205, Dornach 1988
16   Siehe dazu die Ausführungen über «direkten / indirekten Kultus» im Beitrag «Wir stehen nicht am Ende, sondern am Anfang des Christentums» von V.D.Lambertz.

einzureihen ist: [17]
nicht *vor*, sondern *nach* der Messe mit Brot und Wein.
Sie ist also nicht - weil sie scheinbar keine Substanzwandlung bringt
- eine Vorstufe, eine Vorbereitung auf eine Messe mit Brot und
Wein. Denn das empfangene Brot und der genossene Wein werden im Menschen aufgenommen von jener Kraft, die in *unbe-
wussten* Tiefen seines eigenen Leibes stoffverwandelnd wirkt, und
von da aus im Bewusstsein allmählich Klärung, Umwandlung er-
zeugen kann. Während die Kommunion im Geiste, wie sie in der
Opferfeier erlebt wird, ein *Bewusstseinsakt* ist, der sich immer heller
klären und bis ins Physische des Menschen auswirken kann.
Die zitierten Stellen weisen deutlich auf die Wandlung und Kommunion hin, wie sie Rudolf Steiner zwölf Jahre später in der Opferfeier
gegeben hat. In Fortsetzung des oben Zitierten stellt er als Voraussetzung für eine solche Kommunion im Geiste hin,
,,dass gewisse innere Gedanken, innere Fühlungen ebenso weihevoll das Innere durchdringen und durchgeistigen, wie in dem bes-
ten Sinne der inneren christlichen Entwicklung das Abendmahl die
Menschenseele durchgeistigt und durchchristet hat. Wenn das
möglich wird und es wird möglich -, dann sind wir wieder um eine
Etappe in der Entwicklung weitergeschritten. Und dadurch wird
wieder der reale Beweis geliefert werden, dass das Christentum
größer ist als seine äußere Form."
Die Form für diese weihevollen, das Innere durchdringenden und
durchgeistigenden Gedanken ist in der Opferfeier gegeben.
Man muss sich bloß von dem Vorurteil frei machen, als seien Gedanken immer nur ein abstraktes Etwas. Ihre Art hängt vom den-
kenden Subjekt ab. Gedanken können ein *Erlebnis* werden, das die
Macht hat, bis ins Physische gestaltend zu wirken. So kann es
geschehen durch die Opferfeier bis in Leib und Blut des nach dem
Christus strebenden Menschen.
Und so können sich im Verfolg dieses Erlebens - Dank dem Werde-
bild von Welt und Mensch, das uns die Geisteswissenschaft gibt -
die Worte des Offertoriums der Opferfeier, die mit erhobenen
Armen gesprochen werden, und, diejenigen, die darauf der rechts
Stehende spricht, weihevoll weiten zum Gedanken der *kosmischen*
Biografie des Wesens Mensch: Es kann vor uns stehen die Schil-
derung der Zeit, da die Sonne heraustrat aus der Mond-gefesselten

---

17   Siehe dazu auch den Hinweis zum "Laien"-Priester-Sein unter 19) und den Beitrag von
V.D.Lambertz.

Erde. Mit der Sonne verließ die Erde auch das hohe Wesen des Menschheits-Ich, das wir jetzt Christus nennen. Es verließen uns die hierarchischen Urbilder des Menschen, die bloßen Abbilder zurücklassend. Das hieß: Der Mensch nahm im Dienste der Weltentwicklung *das* Opfer auf sich, tiefer hineinzusteigen in die nun sich bildende Finsternis der Stoffeswelt - ein Entwicklungsmoment, vor dem hohe Geistwesen, die dem Menschen in diesen Abstieg nicht folgen wollten, „ihr Antlitz verhüllten".

In eine noch weiter zurückliegende Entwicklungsphase kann der Gedanke zurücktauchen: als das *vor-saturnische* Geistwesen der Menschheit, das eine sehr hohe Entwicklung ohne Stoffesverbundenheit (allerdings ohne Entfaltung des freien Ichs) hätte durchmachen können, eintrat in diesen Weltenzyklus, um eben diesen Weg der physischen Gesetzmäßigkeit durchzumachen. [18] Dieser Schritt war es, der

„das Opfer
Unseres Menschenseins
Unseres beseelten Leibes
Unseres durchgeisteten Blutes"

eingeleitet hat, jenen Abstieg in die Finsternis des Stoffes, aus dem wir ohne die Kraft des Christus die Möglichkeit zum Wiederaufstieg nicht gewinnen könnten. Wesen einer Zukunftswelt können entstehen, wenn der Mensch im Laufe seiner Entwicklung die Kraft findet, jenes „wesenschaffende Liebe-Feuer" entstehen zu machen, das von „Mensch zu Gott" und auch „von Mensch zu Mensch" walten kann.

Gewiss wird nicht jeder Teilnehmer der Opferfeier diese Bezugnahme *auf* weit zurückliegende kosmische Phasen des Menschheitsweges aufgreifen können oder wollen. Verschiedenheiten in der Erlebnisweise gibt es ja bei jeder Art von Kulthandlungen.

Um die *Zielsetzung* handelt es sich hier, denn diese wirkt. Und das Ziel der Opferfeier ist, sich in Leib und Blut, bis ins Physische, mit dem Menschheits-Ich zu verbinden. Dass dieses Ziel erreichbar ist in unserer Gegenwart, hat Rudolf Steiner auch in persönlichen Gesprächen betont, so zu Friedrich Rittelmeyer, wie dieser in seinem Buche „Meine Lebensbegegnung mit Rudolf Steiner" mitteilt, indem er daran eigene wesentliche Gedanken über die zwei Arten

---

18 Anthroposophische Leitsätze. Der Erkenntnisweg der Anthroposophie – Das Michael-Mysterium. GA 26, S. 157-166 (Weihnachtsbetrachtung: Das Logos-Mysterium). Dornach 1989, auch Köln, 27.4.1905 (noch nicht publiziert).

der Kommunion anknüpft. (S.145 ff)
So waren Anfrage und Forderung jener Schülerin von weit tragender Bedeutung und gaben Rudolf Steiner die Möglichkeit, was er schon 1909 und 1911 angedeutet hatte, in Kultform der Menschheit zu geben.

Auf die Frage, wie es sich damit verhält, dass dieser Kult von Menschen ohne Priesterweihe vollzogen wird, soll Rudolf Steiner geantwortet haben, er sei hier so weit gegangen, wie er eben mit Nichtgeweihten gehen könne. [19] Diese Antwort ist auch von weit tragender Bedeutung: Was in der Entwicklung der Christenheit als Sehnsucht und Streben nach Laienpriestertum immer wieder erstand - allerdings auch immer wieder verfolgt und schließlich zum Verschwinden gebracht wurde -, das hat hier durch Rudolf Steiner eine neue *Keimlegung* erfahren, die je nach der Schicksalsführung des Einzelnen ihre Früchte zeitigen kann. Dies wird erreicht sein, wenn durch innerstes Streben in der Begegnung mit dem höchsten Selbst, dem Christus, die Weihe erworben ist.

Aus: «Zur religiösen Erziehung - Wortlaute Rudolf Steiners als Arbeitsmaterial für Waldorfpädagogen».
Herausgegeben als Manuskript von der Pädagogischen Forschungsstelle beim Bund der Freien Waldorfschulen, Stuttgart

---

19   Die kultushistorische Entwicklung führt zur Mündigkeit des Einzelnen, zum brüderlichen, geistlich gleichberechtigten, allgemeinen Priester-Sein, weg davon, dass sakramentales Handeln nur durch einen gesonderten, geweihten Priester möglich ist. Damit kommen wir wieder zu den Wurzeln des Christentums, denn der Priesterstand, die Priester-Weihe entstand erst im 3./4. Jahrhundert mit der Institution Kirche als diese Staatskirche wurde. So konnte Rudolf Steiner nun mit «Nichtgeweihten» weiter gehen als mit Geweihten. VDL

Arbeitsmaterial Zur Kultus-Frage

Zu den Lehrplanangaben Rudolf Steiners für den freien christlichen Religionsunterricht

Hartwig Schiller

Im Laufe der sechs Jahre, in denen es Rudolf Steiner möglich war, an der Einrichtung und Ausgestaltung der Waldorfschule mitzuarbeiten, hat er bei verschiedenen Gelegenheiten Angaben zum Lehrplan des freien Religionsunterrichtes gegeben. Stellt man diese über viele Anlässe verstreuten Einzelheiten zusammen, ergibt sich ein umfassendes, im geistigen Duktus vollständiges Ganzes. [20]
Der Lehrplan für den freien christlichen Religionsunterricht unterscheidet sich sowohl in seinem Zustandekommen wie auch in seiner weiteren Ausführung von anderen Fächern. Zum einen erhielt er in der Konferenz vom 26. September 1919 einen zweistufigen Aufbau, der sich von der üblichen Klasseneinteilung unterschied und sich erst allmählich dem klassenweisen Unterricht annäherte. Zum anderen eignete dem Lehrplan für den Freien Religionsunterricht immer eine besondere Offenheit und Wandlungsfähigkeit nach der individuellen Situation des Lehrers und seiner Schülergruppe. Darum erscheint es methodisch angemessen, die verschiedenen Lehrplanangaben Rudolf Steiners zwar in eine Übersicht zu bringen, sie aber lediglich in jene drei Stufen zu gliedern, von denen er selber gesprochen hat und die er Unter-, Mittel- und Oberstufe nannte:

---

20 Die Hauptfundstellen sind diesbezüglich:
- Konferenzen mit den Lehrern der Freien Waldorfschule in Stuttgart, Bd. 1 - 3, GA 300/1-3.
- Die Erneuerung der Pädagogisch-Didaktischen Kunst durch Geisteswissenschaft, GA 301.
- Menschenerkenntnis und Unterrichtsgestaltung, GA 302.
- Die gesunde Entwickelung des Leiblich-Physischen als Grundlage der freien Entfaltung des Seelisch-Geistigen, GA 303.
- Erziehungs- und Unterrichtsmethoden auf anthroposophischer Grundlage, 23.11.1921, GA 304.
- Die religiöse und sittliche Erziehung im Lichte der Anthroposophie, 4.11.1922, 1996 erschienen als Einzelvortrag aus GA 297.
- Die pädagogische Praxis vom Gesichtspunkte geisteswissenschaftlicher Menschenerkenntnis, GA 306.
- Gegenwärtiges Geistesleben und Erziehung, GA 307.
- Die Kunst des Erziehens aus dem Erfassen der Menschenwesenheit, GA 311.

Klassen 1 - 4   (1. Stufe)

Klassen 5 - 8   (2. Stufe)

Klassen 9 - 12   (3. Stufe)

Diese Gliederung bedeutet eine inhaltliche Unterscheidung nach methodisch-didaktischen Gesichtspunkten.

In der Geschichte des Freien Religionsunterrichtes gab es allerdings noch andere Einteilungen. Diese stellten Übergänge auf dem Weg von den ursprünglichen Großgruppen, in denen die Schüler klassenübergreifend zusammengefasst waren, zu besser durchdringbaren Gruppengrößen dar. Sie ging einher mit der behutsamen Erweiterung des Religionslehrerkreises, die sich Rudolf Steiner persönlich vorbehalten hatte. So wurde in der Konferenz am 14. Juni 1920 z. B. eine Gliederung in folgende drei Stufen vorgenommen:

1. Stufe = Klassen 1 - 3,

2. Stufe = Klassen 4 - 6,

3. Stufe = Klassen 7 - 9.

Das hing mit einer Änderung der Unterrichtsorganisation zusammen. Jetzt wurden die drei Klassen der jeweiligen Stufen gemeinsam unterrichtet. Von den zuvor vierklassigen Gruppen gab es also eine Reduzierung auf drei Klassen.

In der Konferenz vom 30. April 1924 ergab sich dann eine dritte Einteilung. Jetzt wurden fast alle Altersstufen bereits klassenweise unterrichtet. Dadurch ergaben sich neun Stufen:

1. und 2. Klasse = 1. Stufe,

3. und 4. Klasse = 2. Stufe,

5. Klasse = 3. Stufe,

6. Klasse = 4. Stufe,

7. Klasse = 5. Stufe,

8. Klasse = 6. Stufe,

9. Klasse = 7. Stufe,

10. Klasse = 8. Stufe,

11. und 12. Klasse = 9. Stufe.

Im Laufe der folgenden Zeit stellte sich dann die bis heute übliche zwölfstufige Unterrichtsform ein. Wenn hier dennoch nicht der üblichen Einteilung eines Lehrplanes nach einzelnen Klassenstufen gefolgt wird, dann hängt das mit dem grundlegenden Entwurf Rudolf Steiners für eine Gliederung nach Unter-, Mittel- und Oberstufe zusammen und dem anregenden Prinzip einer nicht allzu fixierten Einordnung.

Es wird lediglich versucht, die verschiedenen von Rudolf Steiner ge-
machten Angaben in eine Zusammenschau zu bringen.

I. Stufe

1. Der Unterricht soll „eine Art Rückschau auf allerlei Zustände"
berücksichtigen, „die da waren vor der Geburt" und welche die
Kinder noch haben, „wenn sie dem siebenten Jahre nahe kommen". „Allerdings muss alles, was sich auf Reinkarnation und Karma
bezieht wegbleiben."
2. Falsche Befürchtungen über „zu schwere" Inhalte sollen überwunden werden. Wichtiger als „das Aufnehmen des Gedankens"
ist die Art und Weise „wie die Gedanken aufeinander folgen".
3. Die Wochensprüche aus dem „Seelenkalender" können
durchaus auf dieser Stufe im Unterricht auftreten.
4. Das Vaterunser. Beim Beten kommt es immer darauf an, dem
Kind zuerst die „andachtsvolle Stimmung beizubringen". Also wir
sollen „das Kind nicht ein niedliches, hübsches Gedicht aufsagen
lassen, ohne dass wir ihm vorher das leise Lächeln, ein Erfreutsein
und Entzücktsein erweckt haben". Das Beten Lernen gehört zu den
elementaren Aufgaben des Religionsunterrichtes.
5. „Dinge und Vorgänge der menschlichen Umwelt" sollen so mit
den Kindern besprochen werden, „dass bei den Kindern die Empfindung entsteht, dass Geist in der Natur lebt".
6. Die menschliche Seele behandeln. Dazu ist notwendig, dass
7. die menschliche Entwicklung, der „Ernst des Lebenslaufes",
8. der „Ernst des Todes" betrachtet werden.
9. Der „Wechsel von Schlafen und Wachen" soll besprochen
werden. Hierzu gehört,
10. „wie die Seele den Körper durchdringt" beim Wachen, wie
sich der Wille regt in den Gliedern. Der Körper gibt der Seele die
Sinne als Instrumente. Das ist als Beweis für das im Physischen
waltende Geistige zu geben und zu besprechen.
11. Bestimmte Dinge sind zu vermeiden. Dazu gehört „irgendeine
oberflächliche Zweckmäßigkeitslehre" wie zum Beispiel die Frage:
„„Wozu findet man an dem Baume Kork?" - „Damit man Champagnerpfropfen machen kann. Das hat der liebe Gott weise eingerichtet, damit man Kork hat zu Pfropfen." Dazu gehört aber
auch

12. die Vorstellung, „dass das Unbekannte ein Beweis des Geistes ist". Damit wird eher ein fantastischer Wunderglaube als das Verhältnis zum Geiste gepflegt.

13. Metamorphosen. Die Verwandlung von Raupe und Schmetterling, „Gedichte über die Metarmorphose der Pflanzen und Tiere" können „ganz gut religiös verwendet werden". Nur müssen dabei die „Gefühle, die Empfindungen, die von Zeile zu Zeile gehen" entwickelt werden.

14. Die Vorstellung, dass der Mensch „mit all seinem Denken und all seinem Tun" im „ganzen Weltenall drinnensteht". Was im Menschen lebt, darin lebt Gott. „Im Baumblatt lebt das Göttliche", in der „Sonne", in der „Wolke" und im „Fluss". „Aber das Göttliche lebt auch im Blutlauf: das Göttliche lebt im Herzen, in dem, was du fühlst, in dem, was du denkst." Der Mensch ist „ausgefüllt vom Göttlichen".

15. Es soll das Bewusstsein hervorgerufen werden, „dass der Mensch verpflichtet ist, weil er den Gott darstellt, weil er das Göttliche offenbart, ein guter Mensch zu sein".

16. Diese erste Stufe des Religionsunterrichtes hat zur Aufgabe, „das göttliche Vatergefühl" zu erwecken. Dazu eignen sich vorzüglich

17. „Motive des alten Testaments", u.a.,

18. „wenn sie nur richtig behandelt werden - die Psalmen Davids' das Hohe Lied und so weiter" (konkret wird das für die Zehnjährigen als Aufgabe genannt).

19. Zum alten Testament gehören auch die Zehn Gebote, bei denen „der Ernst der Sache immer klar gemacht werden" muss.

20. „Ältere katholische Bibelausgaben" geben gute Beispiele dafür, „wie man nacherzählt". Die Schustersche Bibelausgabe für Schüler wird empfehlend genannt. Die Darstellung sollte jedoch stets frei gegeben, das Buch nur als Gedächtnishilfe und zum Nachlesen gebraucht werden.

Aus den Anregungen Rudolf Steiners zu diesem Gebiet entsteht schließlich das Lesebuch „Und Gott sprach".

21. Vor einem Irrtum muss man sich jedoch hüten: „Man darf nicht glauben, dass man den Christus weglassen kann, das darf nicht sein". Die Kinder müssen „ein möglichst plastisches Bild vom Christus bekommen; ... und zwar auf allen Stufen", bei dem „das ganze Erdenleben des Christus im Mittelpunkt steht".

Der umfassende Ansatz dieser Stufe ist deutlich ausgesprochen. Es soll „das göttliche Vatergefühl erweckt" werden. Dabei handelt es sich um die verehrende, ahnende, anbetende Haltung der Seele gegenüber dem Erhabenen der Schöpfung, der Weisheit der Welt, um den ehrfürchtigen Umgang mit aller Kreatur. Dem werdenden Menschen soll alles dasjenige beigebracht werden, „was kund werden kann vermittels des Göttlichen in der Natur durch Weisheit". Der Unterricht ist „mehr Naturreligion".

Ob des vatergöttlichen Charakters der ersten Gruppe des Religionsunterrichtes darf jedoch nicht versäumt werden, „das persönliche Verhältnis" des Kindes „zum Christus zu hüten". Das ist eine Aufgabe des Religionsunterrichtes in jedem Alter, „auch auf der unteren Stufe". Geeignete Wege dazu liegen in der Pflege des „Gefühls für die Jahreszeiten", im Beachten eines „idealen Kultus in der Stunde" und in der gefühlsmäßigen Vertiefung durch „Symbolik und Bild".

Von besonderer Bedeutung ist in diesem Zusammenhang die „dritte Religionsstunde", wie die Sonntagshandlung für die Kinder auch genannt wird. Das Erinnern an Christus, das Erzählen der Bilder der Perikopen , die Vorbereitung auf die christlichen Feste des Jahreslaufes..

II. Stufe

1.   Hier sollen viel besprochen werden mit den Kindern „die Begriffe von Schicksal, Menschenschicksal". Dazu gehört
2.   der Unterschied zwischen dem, „wann einen etwas als Schicksal trifft, oder wann einen etwas zufällig trifft". An diesen „empfindungsgemäß" zu unterscheidenden Erlebnissen muss „der Unterschied zwischen vollendetem Karma und aufgehendem Karma dem Kinde allmählich beigebracht werden".
3.   Der Unterschied zwischen dem „was man von den Eltern ererbt hat, im Gegensatz zu dem, was man aus einem früheren Erdenleben mitbringt".
4.   Die früheren Erdenleben. „Alles wird beigetragen, damit ganz verstandesmäßig, gefühlsmäßig begriffen wird, dass der Mensch in wiederholten Erdenleben lebt". Der Unterricht sollte nicht theoretisieren, sondern in Beispielen „praktisch" werden.

5. Für die 7., 8. und 9. Klasse „könnten wir dazu übergehen, nun in freier Form ... Präexistenz und Post-mortem-Leben ... theoretisch zu erklären". Beispiele dafür geben, geeignet sind „Goethe" oder „Jean Paul".

6. Die Laokoon-Gruppe als Beispiel für den sich auflösenden Menschenkörper. „Aber ins Religiöse hinaufheben diese Scheu" vor dem Geschehen.

7. Dann „sollte durchaus berücksichtigt werden, dass der Mensch zunächst sich in drei Stufen zum Göttlichen erhebt".

- „erstens zu dem Göttlichen, das zu dem Engelwesen *führt*", der einzelne Menschen begleitet

- „zweitens versucht man zu erklären, dass es höhere Götter gibt, die Erzengel", die Menschengruppen und ganze Völker führen,

- „drittens ist auch der Begriff des Zeitgeistes beizubringen als eines waltenden Göttlichen über Perioden hin". (Mittels des Alten Testamentes Moses, dann das 6.Jahrhundert als Epochenschritte.)

8. Erst nachdem diese Inhalte Gegenstand des Unterrichtes waren „gehen wir über zur eigentlichen Christologie". Dazu gehört auch der Unterschied zwischen der vorchristlichen und christlichen Zeit.

9. „Geschichtsbetrachtung in Symptomen" kann den „religiösen Trieb, das religiöse Empfinden" vertiefen dadurch, dass gezeigt wird wie auf das Mysterium von Golgatha hin „zuerst ein Aufstieg, dann ein höchster Gipfel mit Bezug auf gewisse Ereignisse erreicht wird, dann wiederum ein Abstieg".

10. Bei den Propheten können die Gestalten des Michelangelo herangezogen werden.

11. Nach der „langen vorbereitenden Zeit" einer elementaren Christologie „gehe man über zu den Evangelien". Dabei ist insbesondere die sich ergänzende, aus unterschiedlichen Blickrichtungen charakterisierende „Vierheit der Evangelien" hervorzuheben. „Auf den Gefühlsunterschied lege man ganz und gar den Hauptwert".

12. Beiden Stufen ist gemeinsam, dass geeignete Sprüche gelernt werden sollten. In der ersten Stufe sollten diese Sprüche „vorzugsweise aus dem Alten Testament" stammen, „später aus dem Neuen Testament". Keinesfalls sollten die oftmals in Gebetbüchern enthaltenen trivialen Sprüche verwendet werden. Durchaus geeignet ist aber auch „was wir haben in der Anthroposophie an Sprüchen".

Auch diese Stufe hat Rudolf Steiner mit charakteristischen Worten zusammengefasst: „Auf der zweiten Stufe ist die Umwandlung: der Mensch erkennt das Göttliche durch Weisheit allein nicht, sondern durch die wirkende Liebe." Ergänzend heißt es auch, die zweite ist „mehr historische Religion." In ihrem Kern findet sich die Tatsache der Erscheinung des Christus auf Erden.

Eine ergänzende Zusammenfassung dieser Stufe liegt in dem Hinweis vor, dass der Unterricht selbst Vorbereitung auf die Jugendfeier sein soll, sie keines zusätzlichen Vorbereitungsunterrichtes bedarf. Die Behütung des persönlichen Verhältnisses zum Christus ist das Ziel bei dem Ausblick bis hin zum Todesaugenblick, der im Aufstieg von der Kindheit zur Jugend realisiert wird.

III. Stufe

Für die Oberstufe ist es nicht zu einer so geschlossenen Darstellung des Lehrplanes gekommen wie für die beiden unteren Stufen. Dennoch wurden die Unterrichtsinhalte für diese Altersstufen in den Konferenzen der folgenden Jahre Zug um Zug entwickelt und dargestellt. So konnte Rudolf Steiner nach der Vorlage einer Zusammenschau aller seiner bisherigen Angaben in der Konferenz am 30. April 1924 äußern: „Da ist nichts Besonderes zu ändern daran." Stellt man die entsprechenden Einzelheiten zusammen ergibt sich tatsächlich ein Lehrplan, der bis in die einzelnen Klassenstufen hinein differenziert.

Die entscheidende methodisch-didaktische Bemerkung zum Unterricht dieser Stufe findet sich in der Konferenz vom 21.6.1922. Sie steht am Anfang des vierten Arbeitsjahres der Schule, in welchem die oberste Klasse das elfte Schuljahre erreicht:

„Übergehen zu einer solchen Auffassung der Sache, die auf die Urteilskraft geht. Dass man da zur Besprechung kommt. Vorher kommt es an auf eine bildhafte Darstellung, jetzt müsste es schon darauf ankommen, im Religionsunterricht hinaufzuarbeiten zu den Begriffen. Man behandelt die Schicksalsfrage in religiöser Form, Schuldfrage, Sühnefrage: Vater, Sohn und Geist. Man arbeitet von Bildern zu Begriffen vorwärts. Das wird eine Art Kausalbetrachtung." Damit sind die neue Art der Betrachtungsweise im Religionsunterricht und der neue Ton beschrieben, in dem der Unterricht in den oberen Klassen gegeben werden muss, wenn er die Schüler erreichen soll. Man kann dies die Methodik der 3. Stufe nennen.

Zugleich wird auf pädagogische Differenzierung hingewiesen. Bei den Schülerinnen muss der Unterricht so gestaltet werden, dass er „in einem gewissen Sinn auf das Ästhetische hinzielt. Sie sollen „Gefallen haben an der übersinnlichen Durchsetztheit der Welt" und in ihrer Fantasie „reichlich mit Bildern versehen werden", „welche das Durchgöttlichtsein der Welt ausdrücken, und welche das Schöne ausdrücken, was am Menschen ist, wenn er ein guter, ein sittlicher Mensch ist".

Bei den Schülern ist es notwendig Vorstellungen zu erwecken, „welche mehr nach der Kraft hintendieren, die im religiösen Leben und im Ethischen wirkt". Das Religiöse und Schöne soll in die „Beherztheit", „eben in das Kraftgefühl" hineingetrieben werden, „das aus ihnen ausstrahlt".

Abweichend von der Darstellung für die Unter- und Mittelstufe werden nun die Lehrplanangaben Rudolf Steiners Handhabung folgend für jedes einzelne Schuljahr angegeben:

9. Klasse: Vorgeburtlichkeit und Nachtodlichkeit in freier Form behandeln und theoretisch erklären. Beispiele geben. Die großen Kulturzusammenhänge beibringen und Goethe oder Jean Paul anführen für vorgeburtliche Befähigungen. Die Laokoon-Gruppe mit ihren besonderen plastischen Formen anschauen hinsichtlich des Herauslösens des Ätherleibes aus dem physischen Leib. Die Scheu vor dem sich auflösenden Menschenkörper ins Religiöse heraufheben. Lesen von Hermann Grimm. Die Apostelgeschichte unter Heranziehung des Lukas-Evangeliums. Daneben auch bereits Augustinus (siehe 10.Klasse) und Thomas a Kempis.
Eine Kenntnis der vier Evangelien wird nach dem Unterricht der zweiten Stufe vorausgesetzt. Jetzt folgt noch „eine Art Evangelienharmonie " mit einer Darstellung des „Christentums in seinem Wesen und seiner Erscheinungsform".
10. Klasse: Johannes-Evangelium. Markus-Evangelium oder die „Konfessiones" des Augustinus, wo er mehr über das Religiöse spricht. Die Arbeit an den Evangelien sollte zu einer Art Abschluss und Zusammenschau gebracht werden. Dabei sollte die tiefere Harmonie der Evangelien erfahrbar und das „Christentum für sich" deutlich herausgearbeitet werden.
11. Klasse: Die Schicksalsfrage mit den Begriffen von Schuld und Sühne. Die Trinität von Vater, Sohn und Geist.
Parzival mit den drei Stufen des Seelenlebens : Unschuld, Zweifel,

Seligkeit. Unter Umständen kann auf die gleichzeitige Erscheinung Dantes hingewiesen werden, wobei auch hier die Dreigliederung herausgearbeitet werden müsste. Beim Parzival muss unbedingt von einer übertriebenen Symbolisiererei abgesehen werden. Es soll eine weltorientierte und keine mönchische Stimmung entstehen. Aus alledem sollte das Christentum herausgearbeitet werden.

12.Klasse: Religionsgeschichtliches. Überblick über die religiöse Entwickelung der Menschheit. Ausgehend von ethnografischen Religionen (z.b. Ägypten und Griechenland mit ihren Lokalgottheiten) zu Volksreligionen (z.b. Hebräer) und schließlich Universalreligionen übergehen (im eigentlichen Sinn nur Buddhismus und Christentum). Das Echte, Gültige der verschiedenen Religionen sollte dabei hervortreten können.

Zuletzt müsste sichtbar werden, dass im Christentum eine Synthese der verschiedenen Religionen vorliegt. Die menschheitliche Bedeutung des Christentums sollte aus den verschiedenen Religionen aufscheinen.

Zu den Angaben, die für den Unterricht, auf mehreren, bzw. allen Stufen Gültigkeit haben gehört der Hinweis auf die unterschiedliche Wirkung der Evangelien auf und durch den Lehrer, der sich „in der richtigen Weise anregen" lässt, welche Rudolf Steiner im Dornacher Vortrag vom 22. April 1923 (GA 306) gegeben hat. Grundlegend sind auch jene Hinweise zu nehmen, welche dem Lehrer die Hut des persönlichen Verhältnisses zum Christus ans Herz legen und die Mahnung zu einem lebendigen, gemütsdurchdrungenen Unterricht enthalten. In diesem Zusammenhang erschließt sich vielleicht auch der Sinn für die so abweichend klingenden Äußerungen in Torquay vom 20. August 1924 (GA 311), wo Rudolf Steiner die Einbeziehung der Evangelien vor dem Alten Testament vorschlägt.

Die alte Intellektualität, welche schließlich sogar vor dem ihr ganz wesensfremden Religiösen nicht Halt machte, möge im freien christlichen Unterricht überwunden werden.

Aus: «Zur religiösen Erziehung - Wortlaute Rudolf Steiners als Arbeitsmaterial für Waldorfpädagogen».
Herausgegeben als Manuskript von der Pädagogischen Forschungsstelle beim Bund der Freien Waldorfschulen, Stuttgart

Arbeitsmaterial Zur Kultus-Frage

Einige Worte
Rudolf Steiners
zur religiösen Erziehung

Ehrfurcht vor dem geheimnisvollen Wesen des Kindes - Ehrfurcht und Dankbarkeit sind in diesem Punkte nicht zu trennen - muss der Anfang der Gesinnung sein, mit welcher der Erzieher an seine Aufgabe geht. Es gibt nur eine Stimmung gegenüber dem Kinde, welche die richtigen Impulse zum Erziehen und Unterrichten gibt; und das ist gerade dem Kinde gegenüber die religiöse Stimmung.
...
Die drei goldenen Regeln der Erziehungs- und Unterrichtskunst, die in jedem Lehrer, jedem Erzieher, ganz Gesinnung, ganz Impuls der Arbeit sein müssen, die nicht bloß intellektualistisch gefasst werden dürfen, sondern die von dem ganzen Menschen erfasst werden müssen, die müssen sein:
- Religiöse Dankbarkeit gegenüber der Welt, die sich in dem Kinde offenbart,
- vereint mit dem Bewusstsein, dass das Kind ein göttliches Rätsel darstellt, das man mit seiner Erziehungskunst lösen soll.
- In Liebe geübte Erziehungsmethode, durch die das Kind sich instinktiv an uns selbst erzieht, so dass man dem Kind die Freiheit nicht gefährdet, die auch da geachtet werden soll, wo sie das unbewusste Element der organischen Wachstumskraft ist.
(Oxford, 19.8.1922)

Dass aus diesen Kindern solche Menschen werden, die für ihre Mitmenschen einfach dadurch, dass sie da sind, dass sie zu ihnen sprechen, manchmal schon dadurch, dass sie überhaupt ihnen nur in irgendeiner Lebenslage eine Blick zuwerfen, zur Wohltat werden. Sie werden zur Wohltat aus dem Grunde, weil man dadurch, dass man verehren, oder - wenn ich sagen darf - dass man beten lernt, für spätere Zeit das Segnen lernt, dass man die segnende Kraft wirklich bekommt. Keine Hand kann segnen im späteren Alter, die nicht in der Kindheit verehren, beten, bitten gelernt hat.
(Basel, 26.4.1920)

Sie erinnern sich, wir unterrichten das Kind zunächst, wenn es in die Schule hereinkommt zwischen dem siebenten und neunten oder zehnten Jahre so, dass wir die Pflanzen sprechen lassen, die Wolken sprechen lassen, die Quellen sprechen lassen. Die ganze Umgebung des Menschenkindes ist belebt. Da lässt sich nun leicht der Unterricht hinführen zu dem die Welt durchlebenden, allgemeinen göttlichen Vaterprinzip. Dass alles seinen Ursprung in einem Göttlichen hat, das lässt sich für das Kind, gerade wenn man den übrigen Unterricht so führt, wie ich es geschildert habe, in einer vorzüglichen Weise hinstellen. Und so knüpfen wir an dasjenige an, was das Kind weiß, wissen lernt auf märchenhafte Weise, auf fantasiemäßige Weise über die Natur. An das knüpfen wir an, um das Kind zunächst gegenüber allem, was in der Welt geschieht, zu einer gewissen Dankbarkeit zu führen. Dankbarkeit gegenüber allein was Menschen uns tun, aber gegenüber allem auch, was uns die Natur gewährt, das ist dasjenige, was das religiöse Empfinden auf den richtigen Weg bringt. Überhaupt ist die Erziehung zur Dankbarkeit etwas unendlich Wichtiges und Bedeutungsvolles.

Der Mensch sollte sich dazu entwickeln, wirklich auch ein gewisses Dankesgefühl zu haben, wenn - vielleicht klingt das sogar paradox, und dennoch ist es tief wahr - zur rechten Zeit, wo er dies oder jenes zu tun hat, ihm das geeignete Wetter zuteil wird. Gegenüber dem All, dem Kosmos Dankbarkeit entwickeln zu können, wenn das auch - ich möchte sagen - in einem imaginativen Welterleben nur geschehen kann, das ist dasjenige, was unsere ganze Weltempfindung religiös vertiefen kann.

Zu dieser Dankbarkeit brauchen wir dann die Liebe gegenüber allem. Und wir können wiederum leicht, wenn wir das Kind also bis gegen das neunte, zehnte Jahr hinführen, wie es angedeutet worden ist, in all dem Belebten, das wir dem Kind hinstellen, zugleich etwas für das Kind offenbaren, was das Kind lieb gewinnen muss. Liebe zu jeder Blume, Liebe zu jedem Baum. Liebe zu Sonnenschein und Regen, das ist dasjenige, was das Weltempfinden wiederum religiös vertiefen kann. Wenn wir Dankbarkeit und Liebe in dem Kinde vor dem zehnten Jahre entwickeln, dann können wir auch in der richtigen Weise dasjenige entwickeln, was wir die Pflicht nennen. Die Pflicht durch Gebote zu früh entwickeln, führt zu keiner religiösen Innigkeit. Wir müssen vor allen Dingen in dem Kinde Dankbarkeit und Liebe entwickeln, dann entfalten wir das Kind sowohl ethisch moralisch in der richtigen Weise, wie auch religiös.

Wer im tiefsten Sinne des Wortes das Kind im christlichen Sinne erziehen will, der hat nötig, darauf zu sehen, dass dasjenige, was sich vor die Welt in dem Mysterium von Golgatha hinstellt, in alledem, was an die Persönlichkeit und Gotteswesenhaftigkeit des Christus Jesus geknüpft ist, sich vor dem neunten und zehnten Jahre nicht in der richtigen Weise vor die kindliche Seele hinstellen lässt. Großen Gefahren setzt man das Kind aus, wenn man es nicht vor diesem Lebensmomente in das allgemein Göttliche einführt, ich möchte sagen: in das göttliche Vaterprinzip: ihm zeigt, wie in allem in der Natur das Göttliche lebt, wie in aller Menschenentwickelung das Göttliche lebt, wie überall, wo wir hinschauen, in den Steinen, aber auch in dem Herzen des anderen Menschen, in jeder Tat, die der andere Mensch dem Kinde tut, überall das Göttliche lebt. Dieses allgemein Göttliche, das müssen wir in Dankbarkeit empfinden, in Liebe das Kind fühlen lehren durch die selbstverständliche Autorität des Lehrers. Dann bereiten wir uns vor, zu diesem Mysterium von Golgatha gerade zwischen dem neunten und zehnten Jahr die richtige Stellung bekommen zu können.

Da ist es so unendlich wichtig, das Menschenwesen auch hinsichtlich seiner zeitlichen Entwickelung verstehen zu lernen. Versuchen Sie es nur einmal, sich den Unterschied klar zu machen, der besteht, wenn man dem Kinde irgendetwas vom Neuen Testament beibringen will im siebenten und achten Lebensjahr, oder - nachdem man zunächst aus jedem Naturwesen das Gottesbewusstsein im Allgemeinen hat anregen wollen - mit diesem Neuen Testament kommt zwischen dem neunten und zehnten Lebensjahr, um es nachher erst als solches dem Kinde zu entwickeln. Da ist es in der richtigen Weise vorbereitet, da lebt es sich in das ganz überweltlich Große hinein; das im Evangelium enthalten ist. Bringen Sie es ihm vorher bei, dann bleibt es Wort, dann bleibt es starrer nüchterner Begriff, dann ergreift es nicht den ganzen Menschen, dann laufen Sie Gefahr, dass das Religiöse im Kinde verhärtet, und der Mensch es als verhärtetes Element durch das Leben trägt, nicht in Lebendigkeit als etwas sein ganzes Weltempfinden Durchsetzendes. Man bereitet das Kind im schönsten Maße vor, die Glorie des Christus Jesus in sich aufzunehmen vom neunten, zehnten Jahr an, wenn man es vorher in die allgemeine Göttlichkeit der ganzen Welt hineinführt.

Und das strebt gerade der nun auch auf das rein Menschliche gebaute Religionsunterricht an, den wir als freien christlichen Religionsunterricht in der Waldorfschule für diejenigen Kinder erteilen, deren Eltern dies wünschen, die eigentlich immer mehr werden gegenüber den anderen, und den wir auch in einen gewissen Kultus gekleidet haben
(Ilkley, 15.8.1923)

So beginnt Anthroposophie überall mit Wissenschaft, belebt ihre Vorstellungen künstlerisch und endet mit religiöser Vertiefung; beginnt mit dem, was der Kopf erfassen kann, geht heran an dasjenige, was im weitesten Umfange das Wort gestalten kann und endet mit dem, was das Herz mit Wärme durchtränkt und das Herz in die Sicherheit führt, auf dass des Menschen Seele sich finden könne zu allen Zeiten in seiner eigentlichen Heimat, im Geistesreich. So sollen wir auf dem Wege der Anthroposophie ausgehen lernen von der Erkenntnis, uns erheben zur Kunst und endigen in religiöser Innigkeit.
(Stuttgart, 30.1.1923)

Arbeitsmaterial Zur Kultus-Frage

Rudolf Steiner
in der Konferenz vom 26.9.1919
Vorträge über Erziehung -
GA 300a, Konferenzen mit den Lehrern

Lehrplan
für den freien christlichen Religionsunterricht

Dr. Steiner: Dieser Unterricht müßte in zwei Stufen erteilt werden.
Wenn Sie überhaupt darauf eingehen wollen, anthroposophischen
Unterricht mit religiösen Zielen zu betreiben, dann müssen Sie den
Begriff des Religiösen eben viel ernster nehmen, als er gewöhnlich
genommen wird. Gewöhnlich wird der Begriff der Religion dadurch
entstellt, daß in die Religion allerlei nicht hineingehöriges Weltan-
schauliches hineingemischt wird. Dadurch wird gerade durch die
religiöse Überlieferung dasjenige von einem Zeitalter ins andere
hinübergetragen, was man nicht weiterbilden will. Es blieben alte
Weltanschauungen neben den weitergebildeten Weltanschauungen gewahrt. Diese Dinge traten ja grotesk hervor in dem Zeitalter des Galilei und Giordano Bruno. Wie heute noch in Apologien
diese Dinge gerechtfertigt werden, das ist geradezu humorvoll. Die
katholische Kirche redete sich aus, daß ja dazumal die koperni-
kanische Weltanschauung nicht anerkannt gewesen sei, die sie
selber verboten hatte; daher durfte Galilei sie auch nicht vertreten.
Darauf will ich jetzt nicht eingehen, sondern ich will es nur erwäh-
nen, um Ihnen zu sagen, daß das Religiöse ernst genommen werden muß, sobald es sich um Anthroposophisches handelt. Nicht
wahr, das Anthroposophische ist eine Weltanschauung, und die
wollen wir als solche durchaus nicht in unsere Schule hineintragen.
Wir müssen aber jenes religiöse Gefühl, welches von dieser Weltanschauung der Menschenseele vermittelt wird, für die Kinder, deren
Eltern es ausdrücklich verlangen, entwickeln. Wir dürfen aber gerade, wenn wir von der Anthroposophie ausgehen wollen, nichts
Falsches entwickeln, nichts Verfrühtes vor allen Dingen entwickeln.
Wir werden daher zwei Stufen unterscheiden. Wir nehmen also die
Kinder zunächst zusammen, die wir in den vier Unterklassen haben,
und dann die, die wir in den vier Oberklassen haben.

In den vier unteren Klassen versuchen wir mit den Kindern Dinge und Vorgänge der menschlichen Umwelt so zu besprechen, daß bei den Kindern die Empfindung entsteht, daß Geist in der Natur lebt. Da kommen also solche Dinge dann in Betracht, wie ich sie als Beispiele angeführt habe. Man will den Kindern zorn Beispiel den Begriff der Seele beibringen. Da ist es notwendig, daß man erstens den Begriff des Lebens überhaupt den Kindern nah ebringt. Den Begriff des Lebens bringt man den Kindern nahe, wenn man sie aufmerksam macht darauf, daß die Menschen zuerst klein sind, dann heranwachsen, alt werden, daß sie weiße Haare bekommen, Runzeln bekommen und so weiter. Also man weist auf den Ernst des Lebenslaufes beim Menschen hin und macht tatsächlich die Kinder mit dem Ernst des Todes bekannt, mit dem die Kinder ja doch bekannt werden. Dann ist es durchaus nicht unnötig, nun Vergleiche anzustellen zwischen dem, was in der Menschenseele vorgeht beim Wechsel von Schlafen und Wachen. Auf solche Dinge kann man bei dem kleinsten Kinde auf der ersten Stufe durchaus eingehen. Wachen und Schlafen: die Erscheinung besprechen, wie da die Seele ruhend ist, wie der Mensch unbeweglich ist im Schlafe und so weiter. Dann bespricht man mit dem Kinde, wie die Seele den Körper durchdringt, wenn er wacht, und macht es aufmerksam darauf, daß es einen Willen gibt, der in den Gliedern sich regt; macht es aufmerksam daraul, daß der Körper der Seele die Sinne gibt, durch die man sieht, hört und so weiter. Solche Dinge sind also als Beweis zu geben dafür, daß Geistiges im Physischen waltet. Das ist mit dem Kinde zu besprechen.

Vollständig vermieden muß werden irgendeine oberflächliche Zweckmäßigkeitslehre. Also der anthroposophische Religionsunterricht darf ja nicht nach dem Muster jener Zweckmäßigkeitslehre irgendwie orientiert sein, die da sagt: „Wozu findet man an dem Baume Kork? Damit man Champagnerpfropfen machen kann. Das hat der liebe Gott weise eingerichtet, damit man Kork hat zu Pfropfen." Dieses, daß etwas da ist „wozu", das wie menschliche Absicht waltet und in der Natur sich auslebt, das ist Gift; das darf nicht entwickelt werden. Also ja nicht banale Zweckmäßigkeitsvorstellungen in die Natur hineintragen. Ebensowenig darf die Vorstellung gepflegt werden, die die Menschen so sehr lieben, daß das Unbekannte ein Beweis des Geistes ist. Nicht wahr, die Menschen sagen: Oh, das kann man nicht wissen, da offenbart sich der Geist! - Statt daß die Menschen die Empfindung bekommen: Man kann vom Geiste wissen, der Geist offenbart sich in der Materie -, werden die Menschen so sehr darauf hingelenkt, daß da, wo man sich etwas nicht erklären kann, ein Beweis ist für das Göttliche.

Diese zwei Dinge sind also streng zu vermeiden, oberflächliche Zweckmäßigkeitslehre und solche Wundervorstellungen, die also das Wunder geradezu suchen als einen Beweis des göttlichen Waltens.

Dagegen kommt es überall darauf an, daß wir uns Vorstellungen ausbilden, durch die wir aus der Natur auf das Übersinnliche hinweisen. Zum Beispiel habe ich ja oftmals das eine erwähnt: Wir sprechen mit den Kindern über die Schmetterlingspuppe' wie der Schmetterling aus der Puppe kommt, und machen ihnen daran den Begriff der unsterblichen Seele klar, indem wir sagen: Ja, der Mensch stirbt, und dann geht aus ihm die Seele heraus wie ein unsichtbarer Schmetterling, so wie der Schmetterling aus der Puppe geht. Aber wirksam ist eine solche Vorstellung nur, wenn Sie selber daran glauben, wenn Ihnen selber die Vorstellung des Auskriechens des Schmetterlings aus der Puppe ein von göttlichen Mächten in die Natur hinein gepflanztes Symbolum für die Unsterblichkeit ist. Man muß selber daran glauben, sonst glauben einem die Kinder nicht. Solche Dinge muß man anregen in den Kindern, und sie werden dann besonders wirksam sein in den Kindern, wo man zeigen kann, wie ein Wesen in vielen Gestalten leben kann, eine Urgestalt in vielen einzelnen Gestalten. Aber es kommt darauf an, das Empfindungsgemäße' nicht das Weltanschauungsgemäße im religiösen Unterricht zu pflegen. Sie können zum Beispiel die Gedichte über die Metamorphose der Pflanzen und der Tiere ganz gut religiös verwenden, nur müssen Sie die Gefühle, die Empfindungen, die von Zeile zu Zeile gehen, verwenden. Und Sie können in ähnlicher Weise die Natur betrachten, bis die 4. Klasse vollendet ist. Da müssen Sie namentlich auch die Vorstellung immer wieder anregen, daß der Mensch im ganzen Weltenall drinnensteht mit all seinem Denken und all seinem Tun. Und Sie müßten auch diese Vorstellung anregen, daß in dem, was in uns lebt, auch der Gott lebt. Und immer wieder müssen Sie auf solche Vorstellungen zurückkommen: Im Baumblatt lebt das Göttliche, in der Sonne lebt das Göttliche, in der Wolke und im Flusse lebt das Göttliche. Aber das Göttliche lebt auch im Blutlauf; das Göttliche lebt im Herzen, in dem, was du fühlst, in dem, was du denkst. Also immer die Vorstellung entwickeln, daß der Mensch auch ausgefüllt ist vom Göttlichen. Dann muß man sehr stark schon in diesen Jahren die Vorstellung hervorrufen, daß der Mensch verpflichtet ist, weil er den Gott darstellt, weil er das Göttliche offenbart, ein guter Mensch zu sein. Der Mensch tut dem Gott Schaden, wenn er nicht gut ist. Der Mensch ist nicht um seiner selbst willen in der Welt, religiös gedacht, sondern er ist in der Welt zur Offenbarung des Göttlichen. Man drückt das oft so aus, daß man sagt: Der Mensch ist nicht um seiner selbst willen da, sondern ,,zur Ehre Gottes". - Zur ,,Ehre" bedeutet dann aber in Wirklichkeit ,,zur Offenbarung". Wie es ja auch nicht heißt in Wirklichkeit: ,,Ehre sei Gott in der Höhe", sondern: ,,Es offenbaren sich die Götter in der Höhe." So ist auch der Satz, daß der Mensch ,,zur Ehre Gottes" da ist, so zu fassen: Er ist da, damit er durch seine Taten und sein ganzes Fühlen das Göttliche ausdrückt. Und wenn er etwas Schlechtes tut, wenn er unfromm und ungut ist, so tut er etwas, was dem Gotte zur Schmach wird, wodurch der Gott selbst entstellt wird, zu etwas Unschönem wird.

Diese Vorstellung muß man besonders hereinbringen. Also das Innewohnen des Gottes in dem Menschen, das ist etwas, was schon auf dieser Stufe verwendet werden muß. Auf dieser Stufe würde ich noch von jeder Christologie absehen und nur aus der Natur und aus Naturvorgängen heraus eben das göttliche Vatergefühl erwecken. Und ich würde versuchen, daran zu knüpfen allerlei Besprechungen über Motive des Alten Testaments, namentlich auch soweit sie verwendbar sind - und sie sind es, wenn sie nur richtig behandelt werden-, die Psalmen Davids' das Hohe Lied und so weiter. Das wäre also die erste Stufe.

Bei der zweiten Stufe, die ja also die vier höheren Klassen umfassen würde, würde es sich darum handeln, daß man viel bespricht mit den Kindern die Begriffe von Schicksal, Menschenschicksal. Also dem Kinde wäre eine Vorstellung beizubringen von dem, was Schicksal ist, so daß das Kind wirklich fühlt, daß der Mensch ein Schicksal hat. Den Unterschied dem Kinde beizubringen zwischen dem, was einen zufällig bloß trifft, und dem, was Schicksal ist, das ist wichtig. Also man muß den Begriff des Schicksals mit dem Kinde behandeln. Die Frage, wann einen etwas als Schicksal trifft, oder wann einen etwas zufällig trifft, die läßt sich nicht definitionsgemäß erläutern. Man kann sie aber vielleicht an Beispielen erläutern. Ich will sagen, wenn ich empfinde bei einem Ereignis, das mich trifft, daß ich das Ereignis so wie gesucht habe, dann ist es Schicksal. Wenn ich nicht empfinden kann, daß ich es gesucht habe, aber besonders stark empfinden kann, daß es mich überrascht und daß ich viel daran lernen kann für die Zukunft, dann ist es ein Zufall, dann wird es erst Schicksal. Es muß an diesem, was nur empfindungsgemäß erlebt werden kann, der Unterschied zwischen „vollendetem Karma" und „aufgehendem, werdendem Karma" dem Kinde allmählich beigebracht werden. Man muß wirklich die Schicksalsfrage im Sinne der Karmafrage allmählich mit dem Kinde behandeln.

Daß es in der Empfindung Unterschiede gibt, darüber werden Sie Genaueres finden in der neuesten Auflage meiner „Theosophie". Da habe ich diese Frage einmal behandelt in dem Kapitel „Reinkarnation und Karma"' das ganz neu bearbeitet ist. Da habe ich versucht, herauszuarbeiten, wie man den Unterschied empfinden kann. Da können Sie den Kindern durchaus schon klarmachen, daß es eigentlich zweierlei Ereignisse gibt. Bei dem einen empfindet man eben mehr, daß man es gesucht hat: zum Beispiel wenn man einen Menschen kennenlernt, empfindet man meistens, daß man ihn gesucht hat. Wenn einen ein Naturereignis trifft, in das man verquickt ist, dann empfindet man, daß man viel daran lernen kann für die Zukunft. Trifft einen etwas durch Menschen, so ist es meist ein erfülltes Karma. Selbst in einer solchen Weise, daß Sie sich hier zusammenfinden zum Beispiel in einem Lehrerkollegium in der Waldorfschule' ist ein erfülltes Karma. Man findet sich so zusammen, weil man sich gesucht hat. Das läßt sich aber nicht definitionsgemäß klarmachen, sondern nur empfindungsgemäß. Man muß dem Kinde viel über allerlei besondere Schicksale sprechen, vielleicht in Erzählungen, worin Schicksalsfragen spielen. Man kann manches sogar wiederholen aus den Märchenerzählungen, indem man die Märchen noch einmal durchnimmt, in denen Schicksalsfragen spielen. Namentlich kann man auch in der Geschichte solche Beispiele aufsuchen, wo man an einzelnen Personen sieht, wie sich ein Schicksal erfüllt. Die Schicksalsfrage ist also zu besprechen, um von dieser Seite auf den Ernst des Lebens hinzuweisen.

Und dann möchte ich Ihnen klarmachen, was das eigentlich Religiöse im anthroposophischen Sinne ist. Das Religiöse im Sinne der Anthroposophie ist das Gefühlsmäßige, das, was wir aus der Weltanschauung an Gefühlen aufnehmen für Welt und Geist und Leben. Die Weltanschauung selber ist eine Sache des Kopfes, das Religiöse aber geht immer aus dem ganzen Menschen hervor.

Daher ist eine Religion, die Bekenntnisreligion ist, eigentlich nicht wirklich religiös.

Dasjenige, worauf es ankommt, ist, daß in der Religion der ganze Mensch, und zwar hauptsächlich Gefühl und Wille, lebt. Dasjenige, was an Weltanschauungsinhalt in der Religion lebt, das ist eigentlich nur zum Exemplifizieren, zur Unterstützung, zur Vertiefung des Gefühls und zur Erstarkung des Willens. Das ist das, was aus der Religion fließen soll: daß der Mensch über das, was einem die vergänglichen, irdischen Dinge an Gemütsvertiefung und Willenserstarkung geben können, hinauswächst.

Von der Schicksalsfrage wäre dazu überzugehen, den Unterschied zu besprechen zwischen dem, was man von den Eltern ererbt hat, im Gegensatz zu dem, was man aus einem früheren Erdenleben mitbringt. In der zweiten Stufe werden die früheren Erdenleben herangezogen, und alles wird beigetragen, damit ganz verstandesmäßig, gefühlsmäßig begriffen wird, daß der Mensch in wiederholten Erden-leben lebt.

Und dann sollte durchaus berücksichtigt werden, daß der Mensch zunächst sich in drei Stufen zum Göttlichen erhebt. - Also, nachdem man mit dem Schicksalsbegriff beigebracht hat langsam, in Erzählungen, den Vererbungsbegriff, den Begriff der wiederholten Erdenleben, geht man über zu den drei Stufen des Göttlichen: Erstens zu dem Göttlichen, das zu dem Engelwesen führt, das für jeden einzelnen Menschen persönlich da ist. Und da bespricht man, wie der einzelne Mensch von Leben zu Leben geführt wird durch seinen persönlichen Genius. Also dieses Persönlich-Göttliche, das im Menschen führend ist, das wird zuerst besprochen.

Zweitens versucht man nun zu erklären, daß es höhere Götter gibt, die Erzengel, und daß die dazu da sind - man kommt da allmählich hinein in das, was man in der Geschichte, in der Geographie betrachten kann -, daß die Erzengel dazu da sind, um ganze Menschengruppen zu dirigieren, also Völkermassen und dergleichen. Das muß scharf so beigebracht werden, daß das Kind unterscheiden lernt zwischen dem Gott, von dem zum Beispiel der Protestantismus spricht, der eigentlich nur der Engel ist, und zwischen dem Erzengel, der etwas Höheres ist als dasjenige, was eigentlich in der evangelischen Religionslehre überhaupt vorkommt.

Drittens ist dann nun auch der Begriff des Zeitgeistes beizubringen als eines waltenden Göttlichen über Perioden hin. Da kommt man in den Zusammenhang zwischen der Geschichte und der Religion.

Und erst, wenn man solche Begriffe beigebracht hat, geht man dazu über, so etwa im zwölften Jahr - wir können es ja jetzt nicht so machen: wir werden zwei Stufen machen; die Kinder können durchaus schon früher hören, was sie dann später besser verstehen -, nachdem wir die drei Stufen dem Kinde möglichst beigebracht haben, gehen wir über zur eigentlichen Christologie, indem wir die Weltentwickelung in zwei Teile teilen: in die vorchristliche' die eine Vorbereitung war, und in die christliche, die eine Erfüllung ist. Da muß der Begriff eine große Rolle spielen, daß sich das Göttliche durch den Christus offenbarte „in der Fülle der Zeiten".

Und dann gehe man auch erst über zu den Evangelien. Bis dahin verwende man, insofern man Erzählungen braucht, um den Begriff der Engel, Erzengel und des Zeitgeistes zu erklären, das Alte Testament. Man macht aus dem Alten Testament heraus, zum Beispiel das Eintreten eines neuen Zeitgeistes, dem Kinde klar an der Erscheinung des Moses, gegenüber dem früheren Zeitgeist, wo die Offenbarung des Moses noch nicht vorhanden war. Dann macht man wiederum klar, daß ein neuer Zeitgeist auftritt im 6. Jahrhundert der vorchristlichen Zeit. Dazu verwendet man zuerst das Alte Testament. Und dann, wenn man zur Christologie übergegangen ist, aber es so erfaßt hat in einer langen vorbereitenden Zeit. dann gehe man über zu den Evangelien und versuche, einzelne Glieder der Evangelien herauszunehmen, und immer wie etwas Selbstverständliches die Vierheit der Evangelien beizubringen, indem man sagt: Wie ein Baum von vier verschiedenen Seiten photographiert werden muß, um richtig gesehen zu werden, so sind die vier Evangelien wie vier Gesichtspunkte. Man nehme einmal das Matthäus-Evangelium, einmal das Markus-Evangelium, einmal das Lukas-Evangelium, einmal das Johannes-Evangelium und lege gerade besonderen Wert darauf, daß das immer gefühlt wird. Auf den Gefühlsunterschied lege man ganz und gar den Hauptwert.

Das wäre also die zweite Stufe mit ihrem Lehrinhalt. Der Tenor der ersten Stufe ist der, daß dem werdenden Menschen beigebracht werden sollte alles dasjenige, was kund werden kann vermittels des Göttlichen in der Natur durch Weisheit.

Auf der zweiten Stufe ist die Umwandlung: der Mensch erkennt das Göttliche durch Weisheit allein nicht, sondern durch die wirkende Liebe.

Das ist der Tenor, das Leitmotiv in den beiden Stufen.

X. Soll man Sprüche lernen lassen?

Dr. Steiner: Ja, vorzugsweise aus dem Alten Testament, später aus dem Neuen Testament. Aber nicht die Sprüche, die oftmals in Gebetbüchern enthalten sind, die sind zumeist trivial. Also Sprüche aus der Bibel, und auch dasjenige, was wir haben in der Anthroposophie an Sprüchen. Wir haben ja allerlei Sprüche, die können gut verwendet werden in diesem anthroposophischen Religionsunterricht.

X. Soll man die Zehn Gebote lehren?

Dr. Steiner: Die Zehn Gebote sind ja im Alten Testament enthalten, aber es muß der Ernst der Sache immer klargemacht werden. Ich habe ja immer betont, es steht auch da drinnen, daß man den Namen des Gottes nicht eitel aussprechen soll. Das wird ja übertreten fast von jedem Kanzelredner, indem der Name des Christus fortwährend eitel ausgesprochen wird. Das muß natürlich alles gefühlsmäßig vertieft werden. Der Religionsunterricht soll überhaupt gegeben werden nicht in Bekenntnisform, sondern in gefühlsmäßiger Vertiefung. Das Credo ist als solches nicht die Hauptsache, sondern dasjenige, was empfunden wird beim Credo; nicht der Glaube an den Vatergott, an den Sohngott, an den Geistgott, sondern was man empfindet dem Vater, dem Sohne, dem Geiste gegenüber. So daß immer in den Seelengründen waltet:

Gott nicht erkennen, ist eine Krankheit;
Christus nicht erkennen ist ein Schicksal, ein Unglück;
den Geist nicht erkennen
ist eine Beschränktheit der Menschenseele.

X. Soll man das Historische den Kindern nahebringen: den Gang der Zarathustra-Individualität bis zur Offenbarung des Christentums? Die Geschichte von den beiden Jesus-Knaben?

Dr. Steiner: Man muß den Religionsunterricht abschließen, indem man den Kindern diese Zusammenhänge beibringt, selbstverständlich sehr vorsichtig.
Die erste Stufe ist durchaus mehr Naturreligion, die zweite mehr historische Religion.

Arbeitsmaterial Zur Kultus-Frage

Anthroposophie und Kirche

« Es ist die Frage aufgetaucht nach dem Verhältnis zur religiösen Bewegung "Die Christengemeinschaft" » [21]

"*Y.*: Es ist die Frage aufgetaucht nach dem Verhältnis zur religiösen Bewegung *(der Kirche "Die Christengemeinschaft")*.

X.: Die Rituale werden aufgefasst als Besitz der Christengemeinschaft.

(Anm.: Die ersten Rituale/Sakramente wurden zuerst frei christlich gegeben, dann - aufgrund ihrer Universalität - auch der Christengemeinschaft, die aber dann das alleinige Nutzungsrecht beanspruchte...)

Rudolf Steiner: Es ist niemals für die Rituale, etwa ausgesprochen worden, dass sie der Priesterschaft gehören. ...

Die Sache ist so klar, wie nur irgendetwas. Die Christengemeinde ist etwas, was mit der Anthroposophischen Gesellschaft nicht das Geringste zu tun hat. Und auch nicht etwas, was mit der Anthroposophischen Gesellschaft zusammenhängt. Die Christengemeinde ist etwas für sich Bestehendes. Zur Anthroposophischen Gesellschaft steht die Christengemeinde in keinem anderen Verhältnis als der Katholizismus oder die Quäker. "

RUDOLF STEINER, Stuttgart, 9.12.1922, zu den freien christlichen Religionslehrern. Siehe ungekürzt in: "Anthroposophie und Kirche?", ISBN 978 3 8423 5544 6

Sind wir genügend informiert ?

Die Thematik ist diffizil ...

Trotz scheinbar eindeutiger Darstellungen Rudolf Steiners gibt es - wie gesehen - auch einige Aussagen, die, aus dem Zusammenhang genommen, "Die Christengemeinschaft" scheinbar doch als die für Anthroposophen angemessene Kirche erscheinen lassen ... *wenn man aufgrund der Fehlentwicklungen (Anthroposophen-Kirche statt alternativer Dritter Block zwischen den Großkirchen) eben nicht mehr den ganzen Kontext anschauen möchte, und sowieso auch nicht mehr korrigieren und umsteuern kann* (!?) ...

Aber.. wie auch immer ... ! :

Geht es um die religiöse Freiheit des Einzelnen, kann und darf es nicht nur "einen Weg" geben! Und so ist immer wieder - egal ob "richtig" oder "falsch" - ganz individuell die Frage: **WAS WILL JCH** ? Was ist **MEIN Weg** zu Gott ?

*Aus dem Ernst der Zeit,
muss geboren werden
der Mut zur Tat!* R.St.

---

21   Rudolf Steiner gebrauchte die Ausdrücke „religiöse Bewegung", „Christengemeinschaft", „Christengemeinde" nebeneinander für dieselbe Sache.

Arbeitsmaterial Zur Kultus-Frage

Die Stellung der Kirche
«Die Christengemeinschaft»
zur anthroposophischen Bewegung

Es könnte doch vielleicht irgendjemand schon andeuten, wie so etwas wie die religiöse Erneuerung behandelt werden muss, die Richtung davon wenigstens. Sonst ist keine Sicherheit vorhanden. Es muss ein Bewusstsein vorhanden sein, wie so etwas behandelt wird, von welchem Gesichtspunkt aus. Gerade wenn die Lebensbedingungen der *(Anthroposophischen)* Gesellschaft in Betracht kommen, muss man sich klar sein darüber, von welchen Gesichtspunkten aus die religiöse Erneuerungsbewegung behandelt werden muss.

Rudolf Steiner in der Nachtsitzung des Dreißiger-Kreises, 13.02.1923

Daher muss ich darauf aufmerksam machen, dass es deplatziert ist, im Zusammenhang mit einem solchen Vortrag, wie ich ihn am 30. 12.1922 gehalten habe *(folgend aufgeführt)*, die Frage der Beeinflussung des Urteils der Mitglieder der Anthroposophischen Gesellschaft vorzubringen.
Gewiss, bei vielen anderen, bei reichlich anderen Gelegenheiten kann es vorgebracht werden. Wenn es aber im Zusammenhang mit einem solchen Vortrag geschieht, dann ruft man Missverständnisse hervor, weil man die Wahrheit zudeckt, die von mir als eine heilige erstrebt wird: dass niemandes Urteil beeinflusst werde gegenüber dem, was ich selber als ein Wichtigstes innerhalb der Anthroposophischen Gesellschaft zu sagen habe.

Rudolf Steiner, 30.1.1923, GA 257, S.35-36
(Diesen Vorwurf machte Emil Bock [Erzoberlenker der CG].)

Hier der zentrale Vortrag Rudolf Steiners
zum Verhältnis zur Kirche «Die Christengemeinschaft»,
vom 30.12.1922 (GA 219, 11.Vortrag)

Rudolf Steiner :

[162] » Hier an diesem Orte habe ich es öfter ausgesprochen, wie in älteren Zeiten der Menschheitsentwickelung eine harmonische Einheit umschlossen hat Wissenschaft, Kunst und Religion. Wer auf die eine oder andere Art von dem Wesen älterer Mysterien Kenntnis gewinnen kann, der weiß, dass

innerhalb dieser Mysterien das Wissen, die Erkenntnis gesucht worden ist als eine Offenbarung des Geistigen in seiner Bildgestalt auf jene Art, wie man es in älteren Zeiten hat suchen können. Diese Art kann nicht mehr die unsrige sein, aber wir müssen in unserem Zeitalter wiederum bis zur Erkenntnis des geistigen Wesens der Welt vorschreiten.

Allen älteren Weltanschauungen liegt eine bildhafte Erkenntnis des Geistigen zugrunde. Diese Erkenntnis des Geistigen lebte sich aber unmittelbar so aus, dass sie nicht bloß im Worte mitgeteilt wurde, sondern durch diejenigen Mittel, die allmählich zu unseren Kunstmitteln geworden sind: die körperlich-bildhafte Darstellung in den bildenden Künsten, die Darstellung durch Ton und Wort in den musikalischen und redenden Künsten. Aber von dieser zweiten Stufe kam es dann zur dritten Stufe, zu der religiös-kultischen Offenbarung des Wesens der Welt, durch die sich der ganze Mensch zu dem göttlich-geistigen Weltengrunde erhoben fühlte, nicht bloß in einer gedankenmäßigen Art, auch nicht bloß in einer gefühlsmäßigen Art, wie durch die Kunst, sondern so, dass Gedanken und Gefühle und auch der innerste Willensimpuls sich an dieses Göttlich-Geistige hingaben. Und dasjenige, durch welches die äusseren Willenshandlungen des Menschen durchgeistigt werden sollten, waren die Opferhandlungen, die Kultushandlungen. Man fühlte die lebendige Einheit in Wissenschaft, so wie man sie sich damals vorstellte, in Kunst, in Religion.

Das Ideal des gegenwärtigen Geisteslebens muss dahin gehen, wiederum eine Erkenntnis zu gewinnen, welche das verwirklichen kann, was Goethe schon geahnt hat: dass sie sich erhebt zur Kunst - nicht etwa zur symbolischen oder allegorischen Kunst, sondern zur wirklichen (163) Kunst, zum Schaffen und Formen in Tönen, in Worten -, dass sie sich aber auch vertieft zum unmittelbaren religiösen Erleben. Nur wer anthroposophische Geisteswissenschaft so erfasst, dass er in ihr diesen Impuls sieht, erfasst sie eigentlich in ihrem wahren Wesen. Es ist selbstverständlich, dass die Menschheit verschiedene Schritte in ihrer Geistesentwickelung wird machen müssen, um zur Verwirklichung eines solchen Ideales zu kommen. Aber in dem geduldigen Sich-Hingeben an diese Schritte liegt dasjenige, was die anthroposophische Bewegung vorzugsweise betätigen muss.

Nun möchte ich innerhalb dieser hier jetzt zu haltenden anthroposophischen Vorträge von einem besonderen Gesichtspunkte aus gerade über diesen jetzt charakterisierten Impuls der anthroposophischen Bewegung sprechen. Wenn ich meine Ausführungen getan haben werde, werden Sie vielleicht sehen, welches eigentlich die tiefere Veranlassung zu diesen Auseinandersetzungen ist. Und ich mochte im Voraus bemerken, dass heute schon anthroposophische Bewegung längst nicht mehr zusammenfällt mit Anthroposophischer Gesellschaft, aber dass die Anthroposophische Gesellschaft, wenn sie ihr Wesen verwirklichen will, tatsächlich voll tragen muss den Impuls der anthroposophischen Bewegung.

Die anthroposophische Bewegung hat weitere Kreise ergriffen als bloß die Anthroposophische Gesellschaft. Das machte notwendig, dass in der letzten Zeit die Art des Wirkens für die anthroposophische Bewegung eine etwas andere sein musste als in derjenigen Zeit, in welcher im Wesentlichen die anthroposophische Bewegung in der anthroposophischen Gesellschaft beschlossen war. Aber die Anthroposophische Gesellschaft kann nur ihr Wesen erfüllen, wenn sie sich als Kern der anthroposophischen Bewegung fühlt.

Nun muss ich, um nicht bloß theoretisch, sondern real verständlich zu werden, in Bezug auf dasjenige, was ich jetzt gesagt habe, Ihnen einiges von dem mitteilen, was sich mit Bezug auf eine andere Bewegung als die anthroposophische es ist, in der letzten Zeit zugetragen hat, weil, wenn ich das nicht täte, leicht Missverständnisse entstehen könnten. Ich will deshalb heute episodisch erzählen, in welcher Form eine religiös-kultische Bewegung entstanden ist, die mit [164] der anthroposophischen Bewegung allerdings viel zu tun hat, aber nicht mit ihr verwechselt werden sollte: die religiös-kultische Bewegung, welche sich nennt, >Bewegung für religiöse Erneuerung<, zur Erneuerung des Christentums. Die Stellung dieser Bewegung zur anthroposophischen Bewegung wird verständlich werden, wenn zunächst zum Behufe der Herstellung dieses Verständnisses von den Formen ausgegangen wird, in denen sich diese Bewegung für religiöse Erneuerung entwickelt hat.

Es ist jetzt eine Zeit lang her, da kamen eine geringe Anzahl begeisterter jüngerer Theologen zu mir, christlicher Theologen, die darinnenstanden, ihr theologisches Studium zu beenden, um ins praktische Seelsorgerwirken überzutreten. Sie kamen zu mir und sagten mir etwa dieses: Derjenige, der heute mit einem wirklich hingebungsvollen christlichen Herzen als Studierender aufnimmt die ihm universitätsmäßig gebotene Theologie, fühlt sich zuletzt, wie wenn er für sein zu erwartendes praktisches Seelsorgerwirken keinen festen Boden unter den Füßen hätte. - Die theologisch-religiöse Bewegung hat allmählich Formen angenommen, die ihr nicht gestatten, dasjenige wirklich hineinzugießen in das Seelsorgerwirken, was lebendig ausgehen muss von dem Mysterium von Golgatha, was lebendig ausgehen muss von dem Bewusstsein, dass durch das Mysterium von Golgatha die Christus-Wesenheit, die vorher in geistigen Welten weilte, sich verbunden hat mit dem menschlichen Erdenleben und im menschlichen Erdenleben weiterwirkt. Man machte mir ungefähr bemerklich, dass in den Seelen derer, die da kamen, die Empfindung lebt, dass eine Erneuerung des ganzen theologischen Impulses und des ganzen religiösen Impulses notwendig sei, wenn das Christentum lebendig erhalten werden soll, wenn das Christentum so erhalten werden soll, dass es auch die wirklich lebendige Kraft für unser ganzes geistiges Leben sein kann. Und es ist klar, dass der religiöse Impuls nur dadurch seine wahre Bedeutung hat, dass er den Menschen in seinem Wesen so tief ergreift, dass er allerdings alles andere, was der Mensch aus seinem Denken, Fühlen und Wollen hervorbringt, durchdringt.

Ich bemerkte zunächst denjenigen, die zu mir kamen, damit ich ihnen helfe in dem, was sie anstrebten und woanders nicht finden [165] konnten als da, wo anthroposophische Geisteswissenschaft heute in die Welt tritt, ich bemerkte zunächst diesen nach einer religiösen Erneuerung suchenden Menschen, dass es notwendig sei, nicht aus irgendeinem Einzelenthusiasmus heraus zu wirken, sondern dass es darauf ankommt, dasjenige, was in weiteren Kreisen ein wenn auch mehr oder weniger unbewusst vorhandenes gleiches Streben ist, gewissermaßen zu sammeln. Ich bemerkte diesen Persönlichkeiten, dass ihr Streben selbstverständlich kein vereinzeltes ist, sondern dass sie vielleicht intensiver als manche andere, aber dennoch nur dasjenige in ihrem Herzen fühlten, was zahlreiche Menschen der Gegenwart fühlen, dass aber, wenn es sich handelt um religiöse Erneuerung, zunächst von der breiten Basis ausgegangen werden muss, innerhalb welcher zu finden sind eine größere Anzahl von Menschen, aus deren Herzen heraus das Streben nach religiöser Erneuerung quillt.

Nach einiger Zeit kamen dann die betreffenden Persönlichkeiten wieder zu mir Sie hatten das als berechtigt durchaus hingenommen, was ich ihnen gesagt habe, und sie bemerkten mir dann, dass sich zu ihnen gesellt hatte bereits eine größere Anzahl jüngerer Theologen, die in der gleichen Lage wären, aus der Unbefriedigtheit des gegenwärtigen theologisch-religiösen Universitatsstrebens heraus in das Pfarramt, das heißt in die praktische Seelsorge überzutreten, und dass Aussicht vorhanden sei, dass der Kreis sich erweitere. Ich sagte: Es ist ganz selbstverständlich, dass es zunächst nicht allein darauf ankommt, dass gewissermaßen eine Anzahl von Predigern und Seelsorgern da sei, und dass nicht nur diejenigen in die religiöse Erneuerung hineingezogen werden sollten, welche zu lehren und die Seelsorge auszuüben haben, sondern vor allen Dingen diejenigen, die mit dem Charakter des reinen hingebungsvollen Bekenners heute zahlreich vorhanden seien; dass man sich bewusst sein müsse, dass zahlreiche Menschen heute in der Welt leben, die - mehr oder weniger dumpf in ihrem Gemüte einen starken religiösen Trieb haben, und zwar einen spezifisch christlich-religiösen Trieb, dass aber dieser christlich religiöse Trieb durch dasjenige, was heute nach der Entwickelung, die eben das Theologisch-Religiöse genommen hat, nicht befriedigt werden kann.

[166] Ich deutete darauf hin, wie es *also Bevölkerungskreise gibt, die nicht innerhalb der anthroposophischen Bewegung stehen, die auch zunächst keinen Weg finden aus der Verfassung ihrer Seele, aus der Verfassung ihres Herzens heraus zur anthroposophischen Bewegung hin.* Ich bemerkte weiter auch, dass für die anthroposophische Bewegung es zunächst darauf ankomme, klar und deutlich das zu durchschauen, dass wir in einem Zeitalter leben, in dem einfach durch die Entwickelung der Welt eine Summe von geistigen Wahrheiten, Wahrheiten über einen wirk-

lichen geistigen Weltinhalt, von den Menschen, wenn sie Geistesforscher werden, gefunden werden könne - wenn sie Geistesforscher werden wollen; dass jedoch, wenn sie nicht Geistesforscher werden wollen, aber nach der Wahrheit streben, wie sie heute dem Menschen sich erschliessen muss, wenn er sich seiner menschlichen Würde bewusst ist, von solchen Menschen diese von Geistesforschern gefundenen Wahrheiten verstanden werden können mit dem gewöhnlichen gesunden, aber eben wirklich gesunden Menschenverstand.

Ich bemerkte, dass die anthroposophische Bewegung darauf beruht, dass derjenige, der den Weg findet zur anthroposophischen Bewegung, zunächst weiß, dass es in der Hauptsache darauf ankommt, dass die heute der Menschheit zugänglichen geistigen Wahrheiten die Herzen und die Seelen ergreifen als Erkenntnisse. Alles dasjenige, worauf es im Wesentlichen ankommt, ist, dass diese Erkenntnisse zunächst in das menschliche Geistesleben eintreten. Es kommt selbstverständlich nicht darauf an, wie derjenige, der innerhalb der anthroposophischen Bewegung steht, etwa in diesem oder jenem Wissenschaftlichen bewandert ist. In der anthroposophischen Bewegung kann man stehen, ohne dass man irgendwie einen wissenschaftlichen Drang oder eine wissenschaftliche Anlage hat, denn, wie gesagt, für den Menschenverstand, der gesund ist, sind die anthroposophischen Wahrheiten, wenn er sich nur durch kein Vorurteil trüben lässt, durchaus verständlich. Und ich bemerkte: *wenn eine genügend große Anzahl von Menschen heute schon aus ihrer Herzens- und Seelenanlage heraus den Weg zur anthroposophischen Bewegung fände, dann würde sich alles dasjenige, was für die religiösen Ziele und religiösen* (167) *Ideale notwendig ist, mit der anthroposophischen Erkenntnis allmählich auch aus der anthroposophischen Bewegung heraus ergeben.*

Aber es gibt sehr zahlreiche Menschen, welche den angedeuteten Drang und Trieb nach einer religiösen Erneuerung haben, namentlich nach einer christlich-religiösen Erneuerung, und die einfach dadurch, dass sie in gewissen Kulturzusammenhängen drinnenstehen, den Weg in die anthroposophische Bewegung nicht finden können. Für diese Menschen ist das heute Notwendige dies, dass auf eine für sie geeignete Weise der Weg in das der heutigen Menschheit gemäße Geistesleben hinein gefunden werde.

Ich bemerkte, dass es dabei ankommt auf Gemeindebilden, dass dasjenige, was erreicht werden soll, von dem Anthroposophischen zunächst allerdings innerhalb der einzelnen Individualität erreicht werden kann, dass aber aus dieser Erkenntnis heraus, die sich auf individuelle Weise ergibt, ganz durch innere Notwendigkeit jenes soziale Wirken, ethisch-religiös soziale Wirken, folgen müsse, welches die Zukunft der Menschheit braucht.

Es kommt also darauf an, denjenigen Menschen etwas zu geben, die zunächst - man muss da die historisch gegebene Notwendigkeit ins

Auge fassen - *nicht in der Lage sind*, unmittelbar den Gang zur anthroposophischen Bewegung anzutreten. Für sie muss durch Gemeindebilden in herzlichem, seelischem und geistigem Zusammenwirken der Geistesweg gesucht werden, welcher heute der der menschlichen Entwickelung angemessene ist. So dass dasjenige, was ich damals aus den Notwendigkeiten unserer Menschheitsentwickelung heraus diesen suchenden Persönlichkeiten zu sagen hatte, sich etwa zusammenfassen lässt mit den Worten: Es ist notwendig für die heutige Menschheitsentwickelung, dass die anthroposophische Bewegung immer mehr und mehr wachse, wachse aus ihren Bedingungen heraus, nicht gestört werde in diesem Wachsen aus ihren Bedingungen heraus, die namentlich darinnen bestehen, dass jene geistigen Wahrheiten, die einfach aus der geistigen Welt zu uns wollen, zunächst unmittelbar in die Herzen eindringen, so dass die Menschen durch diese geistigen Wahrheiten erstarken. Dann werden sie den Weg finden, der auf der einen Seite ein künstlerischer, auf der andern Seite ein religiös-ethisch-sozialer [168] sein wird. Diesen Weg geht die anthroposophische Bewegung, seit sie besteht. *Für diese anthroposophische Bewegung ist, wenn nur dieser Weg richtig verstanden wird, kein anderer notwendig.*

Die Notwendigkeit eines andern Weges ergibt sich für diejenigen Menschen, welche diesen Weg unmittelbar nicht gehen können, welche durch Gemeindebilden, im Zusammenarbeiten innerhalb der Gemeinde, einen andern Weg gehen müssen, der, ich möchte sagen, mit dem anthroposophischen erst später zusammenführt. So dass dadurch die Perspektive eröffnet war für zwei nebeneinander hergehende Bewegungen: Die anthroposophische Bewegung, die dann ihre wirklichen Ziele erreicht, wenn sie dasjenige, was ursprünglich in ihr lag, wirklich auch sinn- und kraftgemäß verfolgt und sich in dieser Verfolgung nicht beirren lässt durch irgendwelche spezielle Arbeitsgebiete, die sich in ihrem Lauf eröffnen müssen. Auch das wissenschaftliche Arbeitsgebiet darf zum Beispiel nicht beeinträchtigen den Impuls der allgemeinen anthroposophischen Bewegung. Wir müssen uns klar sein darüber, dass der anthroposophische Impuls es ist, der die anthroposophische Bewegung ausmacht, und dass, wenn in der neuesten Zeit diese und jene wissenschaftlichen Arbeitsgebiete innerhalb der anthroposophischen Bewegung geschaffen worden sind, durchaus die Notwendigkeit besteht, dass dadurch die Kraft und Energie des allgemein-anthroposophischen Impulses nicht abgeschwächt werde, dass namentlich nicht in einzelne Wissenschaftsgebiete hinein, in die Denk- und Vorstellungsform einzelner Wissenschaftsgebiete hinein der anthroposophische Impuls so gezogen werde, dass von dem heutigen Wissenschaftsbetrieb, der gerade belebt werden sollte durch den anthroposophischen Impuls, wiederum so viel abfärbt, dass die Anthroposophie etwa chemisch wird, wie die Chemie heute ist, physikalisch wird, wie die Physik heute ist, biologisch wird, wie die Biologie heute ist. Das darf durchaus nicht sein. Das würde an den Lebensnerv der anthroposophischen Bewegung gehen. Es handelt sich darum, dass die anthroposophische Bewegung ihre spirituelle Reinheit, aber auch ihre spirituelle Energie bewahre. Dazu muss sie das Wesen der anthroposophischen Spiritualität verkörpern, muss in ihm leben und weben, muss alles dasjenige tun, was aus den geistigen Offenbarungen der Gegenwart [169] heraus auch zum Beispiel in das wissenschaftliche Leben eindringen soll.

Nebenher, so meinte ich dazumal, könne eine solche *Bewegung für religiöse Erneuerung gehen, die ganz selbstverständlich für diejenigen, die in die Anthroposophie hinein den Weg finden, keine Bedeutung hat, sondern für diejenigen, die ihn zunächst nicht finden können.* Und da diese zahlreich vorhanden sind, ist natürlich eine solche Bewegung nicht nur berechtigt, sondern auch notwendig.

Darauf rechnend also, dass die anthroposophische Bewegung das bleibe, was sie war und was sie sein soll, gab ich, unabhängig von aller anthroposophischen Bewegung, einer Anzahl von Persönlichkeiten, die von sich heraus, nicht von mir aus, für die Bewegung für religiöse Erneuerung wirken wollten, dasjenige, was ich in der Lage war zu geben in Bezug auf den Inhalt desjenigen, was eine künftige Theologie braucht: den Inhalt auch des Kultusmäßigen, das eine solche neue Gemeinschaftsbildung braucht.

Was da gegeben worden ist, ist von mir durchaus so gegeben worden, dass ich als Mensch andern Menschen dasjenige gegeben habe, was ich ihnen aus den Bedingungen der geistigen Erkenntnis der Gegenwart geben konnte. *Das, was ich diesen Persönlichkeiten gegeben habe, hat nichts zu tun mit der anthroposophischen Bewegung. Ich habe es ihnen als Privatmann gegeben, und habe es so gegeben, dass mit notwendiger Dezidiertheit betont habe, dass die anthroposophische Bewegung mit dieser Bewegung für religiöse Erneuerung nichts zu tun haben darf;* dass aber vor allen Dingen nicht ich der Gründer bin dieser Bewegung für religiöse Erneuerung; dass ich darauf rechne, dass der Welt das durchaus klar gemacht werde, und ich einzelnen Persönlichkeiten, die von sich aus begründen wollten diese Bewegung für religiöse Erneuerung, die notwendigen Ratschlüsse gegeben habe, Ratschlüsse, die allerdings geeignet waren, einen gültigen und spirituell kräftigen, spirituell von Wesenheit erfüllten Kultus auszuüben, in rechtmäßiger Weise mit den Kräften aus geistigen Welt heraus zu zelebrieren. Ich selber habe bei der Erteilung dieser Ratschläge niemals irgendeine Kultushandlung ausgeführt, sondern nur denjenigen, die in diese Kultushandlung hinein [170] wachsen wollten, gezeigt, Schritt für Schritt, wie eine solche Kultushandlung zu geschehen hat. Das war notwendig. Und heute ist es auch notwendig, dass innerhalb der Anthroposophischen Gesellschaft dies richtig verstanden wird.

Die Bewegung ist also begründet worden, unabhängig von mir, unabhängig von der Anthroposophischen Gesellschaft, lediglich auf meine Ratschläge hin. Und derjenige, der den Ausgangspunkt gebildet hat, der sozusagen die erste Urkultushandlung begangen hat innerhalb dieser Bewegung, hat sie zwar nach meiner Anleitung begangen, nicht aber bin ich irgendwie an der Gründung dieser Bewegung beteiligt. *Sie ist eine Bewegung, die aus sich selbst heraus entstanden ist, und die Ratschläge von mir bekommen hat aus dem Grunde, weil, wenn jemand berechtigten Rat auf irgendeinem Gebiete fordert, es Menschenpflicht ist, wenn man den Rat erteilen kann, ihn auch wirklich zu erteilen.*

So muss im strengsten Sinne des Wortes das verstanden werden, dass sich neben der anthroposophischen Bewegung eine andere Bewegung aus sich selbst heraus, nicht aus der anthroposophischen Bewegung heraus begründet hat, begründet hat aus dem Grunde, weil außerhalb der Anthroposophischen Gesellschaft zahlreiche Menschen sind, die den Weg in die anthroposophische Bewegung hinein selbst nicht finden, die später mit ihr Zusammenkommen können

Daher muss streng unterschieden werden zwischen dem, was anthroposophische Bewegung ist, dem, was Anthroposophische Gesellschaft auch ist, und demjenigen, was die Bewegung für religiöse Erneuerung ist. Und es ist wichtig, dass man nicht die Anthroposophie für die Begründerin dieser Bewegung für religiöse Erneuerung hält.

Das hat nichts zu tun damit, dass in aller Liebe und auch mit aller Hingabe an diejenigen geistigen Mächte, welche eine solche religiöse Bewegung heute in die Welt hereinsetzen können, die Ratschläge erteilt worden sind, welche diese religiöse Bewegung zu einer wirklichen geistigen Gemeinschaftsbildung in heute der Menschenentwickelung gemäßem Sinne machen. So dass diese Bewegung dann in richtiger Weise entstanden ist, wenn sie betrachtet das, was innerhalb der [171] anthroposophischen Bewegung ist, als dasjenige, was ihr vorlaufend ist, was ihr den sicheren Boden gibt, wenn sie sich anlehnt ihrerseits an die anthroposophische Bewegung, wenn sie Hilfe und Rat sucht bei denjenigen, welche innerhalb der anthroposophischen Bewegung stehen und so weiter. Gerade mit Rücksicht darauf, dass die Gegnerschaft der anthroposophischen Bewegung heute so geartet ist, dass ihr jeder Angriffspunkt recht ist, müssen solche Dinge völlig klar sein. Und ich muss schon sagen, dass eigentlich jeder, der es ehrlich meint mit der anthroposophischen Bewegung, überall so etwas zurückweisen müsste, wenn etwa gesagt würde: In Dornach ist im Goetheanum und durch das Goetheanum die Bewegung für religiöse Erneuerung begründet worden -, wenn geradezu die anthroposophische Bewegung als die Begründerin hingestellt würde. Denn das ist nicht der Fall. Es ist so, wie ich es eben jetzt dargestellt habe.

Und so habe ich mir vorstellen müssen gerade aus der Art und Weise, wie ich selber dieser Bewegung für religiöse Erneuerung auf die

Beine geholfen habe, dass diese Bewegung bei der anthroposophischen Bewegung ihre Anlehnung sucht, dass sie die anthroposophische Bewegung als ihre Vorläuferin ansieht, *dass sie Bekenner sucht außerhalb der Anthroposophischen Gesellschaft*, und dass sie es als einen schweren Fehler ansehen würde, wenn sie etwa mit derjenigen Bestrebung, die gerade notwendig ist außerhalb der Anthroposophischen Gesellschaft, in die Anthroposophische Gesellschaft hineingreifen würde. Denn die Anthroposophische Gesellschaft wird von denjenigen nicht verstanden, der sich nicht so auffasst, *dass er ein Rater und Helfer sein kann dieser religiösen Bewegung, dass er aber nicht unmittelbar in ihr untertauchen kann. Wenn er dieses tut, so arbeitet er an zweierlei: erstens arbeitet er an der Zertrümmerung und Zerschmetterung der Anthroposophischen Gesellschaft, zweitens arbeitet er an der Fruchtlosigkeit der Bewegung für religiöse Erneuerung.* Denn innerhalb der Menschheit müssen doch alle diejenigen Bewegungen, welche in berechtigter Weise entstehen, wie in einem organischen Ganzen zusammenwirken. Das muss aber in der richtigen Weise geschehen.

Es ist für den menschlichen Organismus schlechterdings unmöglich, (172) dass das Blutsystem Nervensystem werde und das Nervensystem Blutsystem werde. Die einzelnen Systeme müssen in reinlicher Trennung voneinander im menschlichen Organismus wirken Dann werden sie gerade in der richtigen Weise zusammenwirken. Daher ist es notwendig, dass ohne Rückhalt die Anthroposophische Gesellschaft mit ihrem Inhalte Anthroposophie bleibe, ungeschwächt durch die neuere Bewegung; dass derjenige, der versteht, was anthroposophische Bewegung ist, alles das - nun nicht in irgendeinem überheberischen, hochmütigen, sondern in einem mit den Aufgaben unserer Zeit wirklich rechnenden Sinne -, worauf es ankommt, in die Worte zusammenfasst: *Diejenigen, die den Weg einmal in die Anthroposophische Gesellschaft gefunden haben, brauchen keine religiöse Erneuerung. Denn was wäre die Anthroposophische Gesellschaft, wenn sie erst religiöse Erneuerung brauchte !*

Aber religiöse Erneuerung wird in der Welt gebraucht, und weil sie gebraucht wird, weil sie eine tiefe Notwendigkeit ist, wurde die Hand zu ihrer Begründung geboten. Richtig werden also die Dinge verlaufen, wenn die Anthroposophische Gesellschaft bleibt, wie sie ist, wenn diejenigen, die sie verstehen wollen, wirklich auch ihr Wesen ergreifen und nicht glauben, dass sie es nötig haben, einer andern Bewegung anzugehören, die ja ihren Inhalt hat, trotzdem es in realem Sinne richtig ist, dass nicht die Anthroposophie begründet hat diese religiöse Erneuerungsbewegung; aber die religiöse Erneuerungsbewegung; die sich selbst begründet hat, hat ihren Inhalt von der Anthroposophie her genommen

Wer also diese Dinge nicht sinngemäß auseinander hält, arbeitet, indem er für den eigentlichen Impuls der anthroposophischen Bewegung lässiger wird, daran, Boden und Rückgrat auch für die religiöse Erneue-

rungsbewegung wegzuschaffen und die anthroposophische Bewegung zu zertrümmern. Derjenige, der, auf dem Boden der religiösen Erneuerungsbewegung stehend, etwa meint, dass er diese auf die anthroposophische Bewegung ausdehnen müsse, entzieht sich selber den Boden. Denn dasjenige, was Kultusmäßiges ist, muss zuletzt sich auflösen, wenn das Rückgrat der Erkenntnis aufgehoben wird. [173]

Gerade zum Gedeihen der beiden Bewegungen ist es notwendig, dass sie reinlich auseinander gehalten werden. Daher ist es für den Anfang durchaus notwendig - weil diese Dinge in unserer Zeit, wo alles darauf ankommt, dass wir Kraft entwickeln für dasjenige, was wir wollen -, es ist in der ersten Zeit durchaus notwendig, dass strenge darauf gesehen wird, *dass die Bewegung für religiöse Erneuerung nach allen Richtungen in Kreisen wirkt, die außerhalb der anthroposophischen Bewegung liegen.* Dass sie also weder in Bezug auf die Beschaffung ihrer materiellen Mittel - ich muss schon, damit die Dinge verstanden werden, auch über diese Dinge reden - hineingreift in dasjenige, was die heute ohnedies sehr schwierig laufenden Quellen für die anthroposophische Bewegung sind, ihr also gewissermaßen nicht den materiellen Boden abgräbt, *noch dass sie aber auf der andern Seite, weil es ihr nicht gleich gelingt, unter Nicht-anthroposophen Bekenner zu finden, nun ihre Proselyten innerhalb der Reihe der Anthroposophen macht. Dadurch wird ein Unmögliches getan, dasjenige getan, was zum Untergang der beiden Bewegungen führen müsste.*

Es kommt heute wirklich nicht darauf an, dass wir mit einem gewissen Fanatismus vorgehen, sondern dass wir uns bewusst sind, dass wir das Menschennotwendige nur tun, wenn wir aus der Notwendigkeit der Sache heraus wirken. *Dasjenige, was ich jetzt als Konsequenzen sage, war zu gleicher Zeit die Voraussetzung für das Handbieten zur Gründung der Bewegung für religiöse Erneuerung, denn nur unter diesen Bedingungen konnte man die Hand dazu bieten. Wenn diese Voraussetzung nicht gewesen wäre, so wäre durch meine Ratschläge die Bewegung für religiöse Erneuerung niemals entstanden.* Daher bitte ich Sie, eben zu verstehen, dass es notwendig ist, *dass die Bewegung für religiöse Erneuerung wisse: dass sie bei ihrem Ausgangspunkte stehen bleiben müsse, dass sie versprochen hat, ihre Anhängerschaft außerhalb der Kreise der anthroposophischen Bewegung zu suchen,* weil sie dort auf naturgemäße Weise zu finden ist und weil dort gesucht werden muss.

Dasjenige, was ich zu Ihnen gesprochen habe, habe ich nicht aus dem Grunde gesprochen, weil ich etwa besorgt bin, dass der anthroposophischen Bewegung irgendetwas abgegraben werden könnte, [174] ich habe es gewiss nicht gesprochen aus irgendwelchen persönlichen Intentionen heraus, sondern aus der Notwendigkeit der Sache heraus. Mit dieser Notwendigkeit ist auch verbunden, dass verstanden werde, wie allein es möglich ist, in richtiger Weise auf dem einen und auf dem andern Gebiete zu wirken. Es ist schon notwendig, dass für wichtige Dinge klar ausgesprochen wird, um was es sich handelt, denn es besteht gar zu viel Tendenz heute, die Dinge zu verwischen, sie nicht klar zu nehmen. Aber Klarheit ist heute auf allen Gebieten notwendig.

Wenn daher etwa jemand sagen würde: Nun hat der selbst diese Bewegung für religiöse Erneuerung in die Welt gesetzt und spricht jetzt so - ja, meine sehr verehrten Anwesenden und lieben Freunde, es handelt sich darum, dass, wenn ich jemals anders hätte gesprochen über diese Dinge, so hätte ich nicht die Hand geboten zur Begründung dieser Bewegung für religiöse Erneuerung. Sie muss bei ihrem Ausgangspunkt stehen bleiben. Was ich ausspreche, ist selbstverständlich nur ausgesprochen, damit innerhalb der Anthroposophischen Gesellschaft die Dinge richtig verstanden werden, damit nicht etwa, wie es vorgekommen sein soll, gesagt werde: Nun ging es mit der anthroposophischen Bewegung nicht, jetzt wurde die Bewegung für religiöse Erneuerung als das Richtige begründet. - Ich bin zwar überzeugt, dass die ausgezeichneten, hervorragenden Persönlichkeiten, welche die Bewegung für religiöse Erneuerung begründet haben, jeder solchen Legende mit aller Kraft entgegentreten werden, und dass diese hervorragenden, ausgezeichneten Persönlichkeiten es mit aller Kraft ablehnen werden, innerhalb der anthroposophischen Bewegung ihre Proselyten zu machen. Aber es muss das Richtige innerhalb der anthroposophischen Bewegung verstanden werden.

Ich weiß, wie es immer wiederum Einzelne gibt, die solche Auseinandersetzungen, die von Zeit zu Zeit notwendig werden - nicht zur Klage nach der einen oder andern Richtung hin, auch nicht zur Kritik, sondern lediglich zur Darstellung desjenigen, was nun einmal in aller Klarheit erfasst werden sollte -, ich weiß, dass es immer Einzelne gibt, denen das unangenehm ist, wenn man an Stelle der nebulosen Unklarheit die Klarheit setzen will. Aber zum Gedeihen, zur Gesundheit sowohl der anthroposophischen Bewegung wie der (175) Bewegung für religiöse Erneuerung ist das durchaus notwendig. Es kann nicht die Bewegung für religiöse Erneuerung gedeihen, wenn sie irgendwie die anthroposophische Bewegung beeinträchtigen wird.

Das aber müssen insbesondere Anthroposophen ganz gründlich verstehen, damit sie überall da, wo es sich darum handelt, für die Richtigkeit der Sache einzutreten, auch wirklich für diese Richtigkeit der Sache eintreten können. Wenn es sich daher um die Stellung eines Anthroposophen zur religiösen Erneuerung handelt, so kann es nur diese sein, dass er *Rater ist, dass er desjenige gibt, was er geben kann an geistigem Gut, dass er, wenn es sich darum handelt, an den Kultushandlungen sich zu beteiligen, sich immer bewusst bleibt, dass er das tut, um diesen Kultushandlungen auf den Weg zu helfen. Ein geistiger Helfer allein für diese religiöse Erneuerungsbewegung kann derjenige sein, der sich als Anthroposoph versteht.*

*Aber nach jeder Richtung hin muss diese Bewegung für religiöse Erneue-
rung von Menschen getragen werden, die noch nicht den Weg in die
Anthroposophische Gesellschaft hinein selber finden können durch die
besondere Konfiguration und durch die Anlage ihres Geisteslebens.*
Also ich hoffe, dass jetzt nicht irgendjemand geht zu irgendjeman-
dem, der aktiv tätig ist in der religiösen Erneuerungsbewegung, und sagt:
In Dornach ist gegen sie dies oder jenes gesagt worden. Es ist nichts gegen
sie gesagt worden; sie ist in Liebe und in Hingebung an die geistige Welt
und in berechtigter Weise aus der geistigen Welt heraus mit Ratschlägen
so versorgt worden, dass sie sich selbst begründen konnte. Aber von Anthroposophen muss gewusst werden, dass sie sich selbst aus sich heraus
begründet hat, dass sie zwar nicht den Inhalt ihres Kultus, aber die Tatsache ihres Kultus aus eigener Kraft heraus, aus eigener Initiative heraus
formiert hat; dass das Wesen der anthroposophischen Bewegung nichts zu
tun hat mit der Bewegung für religiöse Erneuerung. Es gibt ganz gewiss
keinen Wunsch der so groß sein kann, wie der von mir, dass die Bewegung
für religiöse Erneuerung unermesslich gedeihe, aber unter Einhaltung der
ursprünglichen Bedingungen. Es dürfen nicht etwa die anthroposophischen Zweige in Gemeinden für religiöse Erneuerung umgestaltet werden,
weder in materieller noch in geistiger Beziehung. (176)

Das musste ich heute aus dem Grunde sagen, weil ja da Ratschläge
für einen Kultus gegeben werden sollten, dessen Gedeihen in der Gegenwart sehr, sehr von mir gewünscht wird. Damit nicht Missverständnisse entstehen, indem man hinblickt auf diesen so gegebenen Kultus, wenn ich
nun überhaupt über die Bedingungen des Kultuslebens in der spirituellen
Welt morgen sprechen werde, musste ich dieses heute als Episode ein-
fügen. Es ist eine episodische Betrachtung zum besseren Verständnis desjenigen, was ich morgen in Fortsetzung der gestern gegebenen Auseinandersetzungen zu sagen haben werde. «

Rudolf Steiner, Dornach, 30. Dezember 1922,
ungekürzt, aus dem Zyklus:
»Das Verhältnis der Sternenwelt zum Menschen und des Menschen zur Sternenwelt -
Die geistige Kommunion der Menschheit«, Elfter Vortrag, Dornach, (s. u.a. GA 219)

Die Nummerierung in ( ) bezieht sich - zu Ihrer Orientierung - auf die Seitenzahl
in der Leinen-Ausgabe von 1984 von GA 219. Hervorhebungen durch VDL.
Auf vielfachem Wunsch finden sich im nachstehenden Vortrag die - subjektiv - zentralen
Aussagen Rudolf Steiners (entgegen dem Original) kursiv gedruckt.

Arbeitsmaterial zur Kultsfrage

Religionsunterricht an den Freien Waldorfschule

Wer gibt ihn, wer finanziert ihn
in Baden-Württemberg?

Wegleitende Grundfeststellungen

Benediktus Hardorp (†)

1.) *Pädagogisches* Ziel der Waldorfschule ist es, ihren Schülern einen· eigenen persönlichen Zugang zum religiösen *Leben* ihres Kulturraumes in Europa: des christlichen Abendlandes und zu dessen Beziehungen zu anderen religiösen Auffassungen der Menschheit zu vermitteln; dies soll ihnen zugleich erschließen, was diesem Leben *wesenhaft zu* Grunde liegt; unsere Schüler sollen für die Welt des Wesenhaften geistig sichtbar bleiben. Eine solche *eigene* Beziehung soll ihnen auch ermöglichen, sich auf dieser Grundlage zu anderen religiösen Auffassungen und Gemeinschaften in ein *selbstbestimmtes* Verhältnis zu setzen.

2.) Der in diesem Sinne ausgerichtete und fundierte religiöse Unterricht, als '„Fach", gegeben oder in den allgemeinen Unterricht integriert, ist *wesentlicher Bestandteil* der Waldorfschulpädagogik und gehört zum geistigen Profil ihrer Schulen: Er wird auf Basis der Erziehungskunst Rudolf Steiners (der Waldorfpädagogik) gegeben, die den jeweils altersbedingt angemessenen Zugang zum Thema des Unterrichts und zu den Seelen der Schüler sucht.

3.) Die *Zielsetzungen* des *konfessionellen* Religionsunterrichtes der Kirchen (oder anderer Glaubensgemeinschaften) werden demgegenüber - sowohl *inhaltlich* als auch *methodisch* - ausschließlich von *den Kirchen* selbst bestimmt: z. B. nach den "mit dem Staat· vereinbarten" Bildungsplänen [1]. Konfessioneller Unterricht wird - auch nach kirchlicher Auffassung - *nicht* auf der methodischen Basis der *Waldorfpädagogik* gegeben. Er geht u.U. in betonter pädagogischer Distanz zur Waldorfschule vor (jedenfalls besagen dies manche noch aktuellen Darstellungen von evangelischer oder katholischer Seite) [2] . Dieser Unterricht kann daher nicht - wie der schuleigene *freie Religionsunterricht* - Bestandteil des Schulprofils der Waldorfschule sein. Zu diesem Profil gehört es dagegen durchaus, den konfessionellen Religionsunterricht für ihre Schüler überall dort zu *ermöglichen; wo* dieser von ihren Eltern oder von denSchülern selbst (nach Eintritt ihrer Religionsmündigkeit) *gewünscht* wird. Der freie Religionsunterricht der Waldorfschule, der ungeachtet einer anderen Eltern- oder Schülerentscheidung als *Angebot* der Waldorfschule dennoch bestehen bleibt, tritt in letzterem Falle aber zurück.

4.) *Aufgabenträger* des *freien Religionsunterrichtes* ist die *Waldorfschule* selbst, Aufgabenträger *anderer* religiöser Unterrichte sind die jeweiligen *Glaubensgemeinschaften.* Jeder Aufgabenträger verantwortet und finanziert seinen Aufgabenbereich *autonom,* keiner ist dem anderen Rechenschaft über die Arbeit in seinem Autonomiebereich schuldig: Der konfessionelle Religionsunterricht bleibt Sache der Kirchen - auch wenn er in den Räumen der Waldorfschule (in deren Stundenplan integriert) gegeben wird. Der freie Religionsunterricht bleibt stets eine ureigene Sache der Waldorfschulen. Bei der Bestellung von Religionslehrern wirken die Schulen mit der Anthroposophischen Gesellschaft zusammen.

5.) Schulen in freier Trägerschaft (Ersatzschulen nach Art. 7 Abs. 4 GG) sind in Deutschland zu religiösem Unterricht Kraft Bundes- oder Landesverfassung *nicht* verpflichtet: Solange dem *Staat* unserer Kulturtradition - der Islam sieht dies wohl anders - Kraft seiner Verfassung *weltanschauliche Neutralität (Art 6 GG)* auferlegt ist, kann es eine derartige rechtliche Verpflichtung in der Bundesrepublik Deutschland oder in ihren Ländern auch nicht geben. Auch den Schülern staatlicher Schulen gegenüber ist der Staat (scheinbare Ausnahme: konfessioneller Religionsunterricht) zu weltanschaulicher Neutralität verpflichtet. Die verbleibende Neutralität des Staates kommt in dieser Hinsicht dadurch zum Ausdruck, dass der konfessionelle Religionsunterricht auch für die Schüler staatlicher Schulen *fakultativ* (abwählbar) ist; kein beamteter Lehrer muss konfessionellen Religionsunterricht geben.

6.)   Die grundsätzliche *Trennung von Staat und Kirche* (seit 1 789 in Frankreich; seit 1919 in Deutschland), die Artikel 137 WRV als fortgeltender Bestandteil des Grundgesetzes ausdrücklich vorsieht, würde dem Staat sogar die heute übliche Finanzierung des konfessionellen Religionsunterrichtes an staatlichen Schulen verwehren, wenn Art. 7 Abs. 3 GG davon nicht ausdrücklich eine *Ausnahme* für das *staatliche Schulwesen* ("Religion ist ordentliches Lehrfach an öffentlichen [staatlichen] Schulen") zuließe. Diese letztgenannte Verfassungsvorschrift hat also gerade *keinen Vorbildcharakter* für freie Schulen; sie macht dem Staat vielmehr die Finanzierung des Religionsunterrichtes an seinen Schulen - trotz seiner *weltanschaulichen Neutralitätspflicht* - erst möglich.

7.) Der Staat könnte diese Finanzierung natürlich auch für den *konfessionellen* Unterricht an *Schulen in freier Trägerschaft* übernehmen - und er tut dies auch (in unterschiedliche Formen in den vielen Bundesländern). So werden z.B. *Religionslehrerstellen* für den konfessionellen Religionsunterricht in NRW auf Antrag von freien Schulen dort in die Schulfinanzhilfe einbezogen oder die Kosten dieses Unterrichtes werden *außerhalb* der Schulfinanzierung *direkt* vom Land getragen (Berlin) 3). Eine solche finanzielle Leistung des Landes an freie Schulen für den konfessionellen Religionsunterricht der Kirchen bei ihnen, entspricht im Grunde auch dem *Gleichbehandlungsgebot (gegenüber den Kirchen nämlich für deren* Angehörige, die als Schüler freie Schule besuchen). Warum sollte die Finanzierung des Religionsunterrichtes der Kirchen durch die Länder auch von der *Schulform* - staatlich oder frei - abhängig sein?

8.) Baden-Württemberg, das den Waldorfschulen sowieso schon eine verfassungsrechtlich zu geringe Finanzhilfe zahlt, verstößt damit insbesondere gegen das *Sonderungsverbot* von Art.7 Abs.4 GG, übernimmt diese Finanzlast aber nur für den konfessionellen Religionsunterricht an *staatlichen,* nicht jedoch an *freien* Schulen. Es belässt es hinsichtlich seiner allgemeinen Schulfinanzhilfe für freie Schulen vielmehr bei der geringsten *Existenzsicherungsbezuschussung, die ihm* verfassungsrechtlich nach Art. 7 Abs.4 GG möglich erscheint. Mit dieser zu geringen Finanzhilfe kann eine außerhalb des Schulprofils liegende zusätzliche Aufgabe aber weder gemeint sein, noch *finanziert* werden. Kirchliche Schulen in freier (kirchlicher) Trägerschaft werden auf dem Felde der Finanzhilfe in Baden-Württemberg im Übrigen schon immer etwas besser als die Waldorfschulen behandelt. Die Waldorfschulen dieses Landes sind bei der Finanzhilfe das „Schlusslicht" und müssten einen zusätzlichen Finanzierungsaufwand für den konfessionellen Religionsunterricht, wenn oder soweit sie ihn wirklich übernehmen sollten, daher voll zu *Lasten des Einkommensetats ihrer Lehrer* tragen: Das erscheint jedoch menschlich wie ökonomisch unbillig.

9.) Für den konfessionellen Religionsunterricht an freien Schulen gibt es *keinerlei öffentlich-rechtliche Rechtsnorm oder ein so begründetes Rechtsverhältnis* zwischen diesen Schulen und dem Land, d. h. es besteht insoweit keinerlei rechtliche Verpflichtung. Es gibt auch kein öffentlich-rechtlich zwingendes Rechtsverhältnis der *freien Schulen* zu den *Kirchen* hinsichtlich des konfessionellen Religionsunterrichtes; die derzeitigen Verhandlungen darüber zeigen dies ja gerade. Ein solches Rechtsverhältnis müsste, wenn man sich darauf stützen will, aus eigenem Entschluss von den Beteiligten erst begründet werden. Es gibt durch den Schulvertrag jedoch stets ein Vertragsverhältnis zwischen *Eltern* und *freien Schulen* einerseits und ein durch die entsprechende kirchliche Zugehörigkeit (soweit diese gegeben ist) zustande gekommenes Rechtsverhältnis zwischen *Eltern* und *Kirchen* andererseits. . Mit der Waldorfschule schließen die Eltern einen Schulvertrag zur Erziehung und Unterrichtung ihrer Kinder *nach der Pädagogik Rudolf Steiners;* den Kirchengemeinschaften gehören sie durch Taufe oder Beitritt an. Über den *konfessionellen· Religionsunterricht* kann die Waldorfschule dagegen keinen Vertrag mit den Eltern schließen (bestenfalls über dessen Zulassung oder Ermöglichung in ihren Räumen), weil dieser von ihr weder auf Basis der Pädagogik der Waldorfschule gegeben wird, noch gegeben werden soll. Denn über den konfessionellen Unterricht können *nur die Kirchen* verfügen. So sehen sie es ja auch selbst. Sie können sich - rechtlich *außerhalb des Schulverhältnisses* - über diesen Unterricht auch mit den Eltern *verständigen,* einen entsprechenden Vertrag schließen und einen besonderen *Beitrag* dafür (neben der Kirchensteuer) erheben. Beispiele und Ansätze dazu gibt es an manchen Orten (auch in Baden-Württemberg). Die Waldorfschulen wären Eltern und Kirchen ggfs. auch bei der administrativen Abwicklung solcher Regelungen behilflich, wenn sie dazu aufgefordert oder gebeten werden sollten.

10.) Das vielfach geäußerte Argument, die Waldorfschulen würden *einseitig* handeln, wenn sie den (ihren) *freien* Religionsunterricht *finanzieren,* den *konfessionellen jedoch nicht,* ist zwar ökonomisch-tatsächlich, nicht aber, in der· Wertung selbst richtig. Eine rechtliche *Ungleichbehandlung* stellt dies nämlich keinesfalls dar. Es handelt sich vielmehr im *ersten* Fall um die grundrechtlich geschützte *Ausübung der Waldorfpädagogik gemäß ihrem Schulprofil* (und damit um eine von der Schule eingegangene *vertragliche* Pflicht gegenüber den Eltern), im *zweiten* Fall jedoch um ein zusätzliches *Unterrichtsangebot der Kirchen* an (kirchenangehörige) Schüler einer freien Schule. Dieses tritt aufgrund des individuellen Eltern- oder Schülerwillens als spezielles externes Angebot an die Stelle des von der Schule vorgesehenen Unterrichtes. Ökonomisch richtig ist es dabei, dass ein stattfindender konfessioneller Unterricht der freien Schule womöglich in begrenztem Umfange eigene Unterrichtsaufgaben (und Kosten) abnimmt, wie immer man dies bewerten und messen will. Würde die Waldorfschule diesen Unterricht (wieder) voll übernehmen (weil die Kirchen ihn nicht mehr geben), so würde sie ihren eigenen diesbezüglichen Unterricht jedoch *organisatorisch wie* ökonomisch besser planen und einrichten können und vor allem die *eigenen Einkommensgrundsätze* und -bedingungen ihrer schulbezogenen Sozialordnung zu Grunde legen. Auch der pädagogische Duktus der Schule wäre einheitlich. Trotz allem: *der konfessionelle Unterricht soll deswegen dennoch uneingeschränkt möglich* bleiben, wenn die Eltern oder Schüler ihn wollen, die Kirchen ihn geben und beide die dafür notwendige Finanzierung in eigener Verantwortung (wie bisher) unter sich regeln.

Alles in allem: von Seiten der Waldorfschulen kann hinsichtlich des konfessionellen Religionsunterrichtes *alles so bleiben, wie es seither war.* Von den Schulen geht *keinerlei* Veränderungsintention aus; diese kommt ausschließlich von den Kirchen. Die Finanzierung dieses kirchlichen Unterrichtes können die Schulen aber weder als ihre Aufgabe, noch als ihre Verpflichtung verstehen: Waldorfschulen und Kirchen haben beide - vielleicht unterschiedlich große - finanzielle Sorgen [4]. Es stellt für die Schulen aber eine *neue* und für sie *unbillige Last* aus dem Aufgaben- und Gestaltungsbereich einer von ihr unabhängigen anderen Institution des Geisteslebens dar, wenn die *Schulen diese Kirchenlast* auch noch tragen müssten. Dazu gibt es derzeit keinerlei Veranlassung; denn die Waldorfschulen haben eigene Sorgen genug.

Mannheim, 2005

---

1) So die (richtige) Formulierung eines Kirchenvertreters.
2) Vgl. Katholische Elternschaft Deutschlands, Dr. A. Weisbrod „Anthroposophie und Waldorfpädagogik aus christlicher".- katholischer - „Sicht", Schriftenreihe 1987, 2. Auflage 1990, Heft 8 oder Flugblatt AKVES, "Katholische Kinder in Waldorfschulen?", Vechta 1986 - Stellungnahme dazu vom Verfasser, Mannheim 1988 („Aus der Arbeit der Freien Hochschule für anthroposophische Pädagogik", Heft 7)
3) Vgl. Haushaltspläne des Landes Berlin (Sen. Wiss. Kult. 1705/684 45, für 2004)
4) Vgl. Carsten Frerk: „Finanzen und Vermögen der Kirchen in Deutschland", Aschaffenburg 2002

Man muss sich nur im Klaren sein,
dass man über dies Thema
nicht streiten kann,
sondern man muss lernen,
Wesensunterschiede zu unterscheiden.
Alle Kultformen haben
ihre Berechtigung
und ihre Bedeutung,
und man kann daher jede
in der ihr gemäßen Form
und dem ihr zukommenden Rahmen
durchaus anerkennen.

Fred Poeppig

Doch will ich euch
den Weg weisen,
der höher
als alle anderen ist:

Wenn ich mit Menschen-
und mit Engelzungen redete:
bin ich aber ohne die Liebe,
so bleibt mein Sprechen
wie tönend Erz
und eine klingende Schelle.
Und wenn ich die Gabe
der Prophetie besäße
und wüsste alle Mysterien
und alle Erkenntnisse
und hätte dazu die Kraft
des bergeversetzenden Glaubens:
wenn ich ohne die Liebe bin,
so bin ich nichts.
Und wenn ich alles,
was mein ist herschenkte
und schließlich sogar
meinen Leib hingäbe
zum Verbrennen:
bin ich aber ohne die Liebe,
so ist alles umsonst.

Die Liebe
macht die Seele groß.
Die Liebe erfüllt die Seele
mit wohl tuender Güte.
Die Liebe kennt keinen Neid,
sie kennt keine Prahlerei,
sie lässt keine Unechtheit aufkommen,
die Liebe verletzt nicht,
was wohlanständig ist,
sie treibt die Selbstsucht aus,
sie lässt nicht die Besinnung verlieren,
sie trägt niemandem Böses nach,
sie freut sich nicht
über Unrecht,
sie freut sich nur mit der Wahrheit.
Die Liebe erträgt alles,
sie ist stets
zu gläubigem Vertrauen bereit,
sie darf auf alles hoffen
und bringt jede Geduld auf.

Die Liebe
sei euer Weg
und euer Ziel.

Brief des Paulus an die Korinther,
Kap. 13,1-7 / 14,1, in der Übersetzung von Emil Bock

Arbeitsmaterial zur Kultus-Frage

Die Texte
der
Schulhandlungen

Sonntagshandlung
Jugendfeier
Opferfeier

Arbeitsmaterial zur Kultus-Frage

DIE SONNTAGSHANDLUNG
FÜR DIE KINDER

des Freien christlichen Religionsunterrichtes
in der Freien Waldorfschule

(Die Handlung wird zu dritt gehalten. Die Kerzen sind entzündet.
Der die Handlung in der Mitte Haltende steht vor dem Christusbild,
die beiden anderen sitzen auf Stühlen rechts und links neben dem Altar.
[Wenn aber alle drei immer am Altar stehen bleiben wollen, können die Stühle entfallen.]
Die Eltern und Gäste treten ein. Die Kinder warten draußen vor der Türe.
Zum Eintritt in den Handlungsraum wird nun jedem Kind von Helfern
oder einem der Handlungshaltenden die Hand gegeben und zu ihm gesprochen:)

Du weißt, du gehst zu der Handlung,
Die deine Seele erheben soll zu dem Geiste der Welt.

(Diese Worte der einlassenden Helfer begleiten die Handlungshaltenden mit ihrer Aufmerksamkeit
und Gedanken.   Die Kinder setzen sich gleich nach ihrem Ankommen. Wann sie stehen oder sitzen,
muss von der Konstitution der Kinder abhängig gemacht werden.
Wenn die Mithandelnden sitzen, stehen sie nun auf und stellen sich
rechts und links neben den in der Mitte Handelnden, mit Blick zum Altar.
Dann wenden sich alle zu den Kindern um.
[Die Wendung erfolgt immer so, dass der Mittlere über die linke Schulter voran einen Kreis beschreibt,
die anderen drehen sich immer in einem Halbkreis zur Mitte hin und zurück.])

(Der in der Mitte Handelnde spricht:)

Wir erheben jetzt die Gedanken und Empfindungen zu dem Geiste,
Zu dem Geiste, der lebet und wirket,
Der lebet und wirket in Stein, Pflanze und Tier;
Der lebet und wirket in Menschendenken und Menschentun,
Der wirket in allem Wirkenden,
Der lebet in allem Lebenden,
Der das Lebende in den Tod führt, auf dass es neu lebe,
Der das Tote ins Lebende führt, auf dass es den Geist schaue.

(Alle wenden sich dem Altar zu und schauen zum Christus-Bild.
Der in der Mitte Handelnde weist mit locker ausgestrecktem rechten Arm
[die Finger liegen aneinander, Daumen oben, kleiner Finger unten] auf das Bild
und spricht auswendig:)

In ihm nahm Leib an, der da wirket als Geist im All.
Christus starb.
Er wurde lebendig im Sein der Menschen,
Die ihm Wohnung gaben in ihrem Herzen.

Auch unser Herz wende sich zu ihm,
Es durchdringe sich mit seiner Kraft,
Auf dass er in ihm wirke,
Auf dass er durchdringe
Unser Denken, Fühlen und Wollen.

(Alle wenden sich zu den Kindern; der in der Mitte Handelnde spricht:)

Meine Lieben!
Wir lernen, um die Welt zu verstehen.
Wir lernen, um in der Welt zu arbeiten.
Die Liebe der Menschen zueinander belebt alle Menschenarbeit.
Ohne die Liebe wird das Menschensein öde und leer.
Christus ist der Lehrer der Menschenliebe.
Wir wollen beten:

*(Gemeinsames Gebet - chormäßig.
Der in der Mitte Handelnde spricht Zeile für Zeile vor, die Kinder sprechen
- stehend - nach:)*

Wir erheben all unser Empfinden und Denken zum Gottesgeiste.
Wir verehren den Gottesgeist.
Wir lieben den Gottesgeist.
Wir werden gedenken des Gottesgeistes
Wenn wir allein sind
Und auch, wenn wir mit Menschen zusammen sind.
Dann wird er mit uns sein.

*(Der rechts Handelnde geht nun - zur Kommunion -
zu jedem Einzelnen, der nun stehenden Kinder, legt ihm die Hand auf
oder reicht die Hand und spricht:)*

Der Gottesgeist wird sein mit dir, wenn du ihn suchest.

(Das Kind antwortet:)

Ich will ihn suchen.

*(Der rechts Handelnde tritt wieder an den Altar, alle sind zu den Kindern gewendet. Der in der Mitte
Handelnde spricht mit segnenden Händen zu den stehenden Kindern [wobei die Gebärde darin besteht,
dass Zeige- und Mittelfinger zusammengelegt werden und der Daumen frei steht, Ring- und Kleiner Finger
zusammengelegt zeigen etwas gekrümmt nach unten] :)*

Ich rufe zum Gottesgeist,
Dass er sei bei euch,
Wenn ihr ihn suchet.

(Alle drehen sich zur Feiergemeinschaft, der links Handelnde spricht:)

Es wird nun verkündet das Evangelium nach:

. . . .

(Alle Anwesende stehen auf.
Das Evangelium wird vom links Handelnden verlesen.)
(Danach Gesang der Kinder, der vom in der Mitte Handelnden angesagt wird.)

(Der in der Mitte Handelnde spricht zu den Kindern:)

Liebe Kinder! Ich entlasse euch nun,
Aber behaltet in guten Gedanken,
Was ihr hier gehört, empfunden und gedacht habt.

(Der in der Mitte Handelnde wendet sich zum Altar, die Mithandelnden setzen sich wieder auf ihre Stühle neben dem Altar bzw. wenden sich mit um.)
(Ggf. Musik)
(Die Kinder verlassen den Saal,
nachdem die Handelnden zur Verabschiedung vom Altar zurückgetreten sind
und sich vor der Türe zur Verabschiedung aufgestellt haben.
Die Kinder verabschieden sich von allen.
Danach setzen sich die Handelnden in die erste Reihe
und die noch verbliebenen Eltern und Gäste verlassen den Raum.
Die Kerzen werden gelöscht, wenn alle Teilnehmer den Raum verlassen haben.)*

Original Rudolf Steiner,
1920 den freien christlichen Religionslehrern der Freien Waldorfschule in Stuttgart gegeben.
Handlungsanweisungen sinngemäß Rudolf Steiners.
Siehe Text u.a. auch:
GA 343 (1993), 4.10.1921, vormittags, S.315-319 und GA 269 (1997), S.42-44.

Arbeitsmaterial zur Kultus-Frage

DAS SAKRAMENT DER JUGENDFEIER

KONFIRMATION

für die Kinder des Freien christlichen Religionsunterrichtes
in der Freien Waldorfschule

(Raum und Ausstattung wie bei der Sonntagshandlung.
Die Kinder warten draußen vor der Türe.
Zum Eintritt in den Handlungsraum wird jedem Kind die Hand gegeben und zu ihm gesprochen:)

Gedenke der Wichtigkeit dieses Augenblickes in deinem Leben.

(Die Handelnden stehen mit dem Gesicht zum Altar.
Wenn alle Kinder eingetreten sind, wenden sie sich ihnen zu.
Der in der Mitte Handelnde spricht:)

Liebe Kinder, gedenket der Wichtigkeit
dieses Augenblickes in eurem Leben.
Ihr tretet in ein neues Lebensalter.
Von der Kindheit zur Jugend steiget ihr auf.
Eure Lehrer haben euch geführt.
Ihre Sorge war, dass der Gottesgeist
    leuchte in eurem Denken,
        krafte in eurem Fühlen,
        wirke in eurem Wollen.

Den Christus, der gestorben ist,
    auf dass die Menschenseelen leben können,
    wollten euch weisen eure Lehrer,
    auf dass er sei:

        das Licht in eurer Seele,
        der Führer auf euren Lebenswegen,
        der Spender der Daseinsfreuden,
        der Tröster im Daseinsleide.

(Der in der Mitte Handelnde wendet sich zum Altar
und erhebt die Arme zum Christus-Bild und spricht:)

Du Licht der Seelen,
Du Führer auf unsren Lebenswegen,
Du Spender der Daseinsfreuden,
Du Tröster im Daseinsleide,
Zu Dir sprach ich bittend,
Wenn ich Licht erflehte
Für dieser Kinder Denken,
Wenn ich Kraft ersehnte
Für dieser Kinder Fühlen,
Wenn ich Wirkensegen erstrebte
Für dieser Kinder Wollen.
So sende Dein Licht,
So spende Deine Kraft,
So lasse strömen Deinen Segen
In dieser Stunde
Auf die, die uns anvertraut waren
Und die wir jetzt übergeben dem Leben,
Auf dass sie
Denken durch Dein Licht,
Fühlen durch Deine Kraft,
Wirken durch Deinen Segen,
In all ihrem Erdenleben;
Bis im Todesaugenblicke
Du sie führest in das Seelensein.
Denn Du hast gesprochen:

(Der links Handelnde wendet sich zu den Kindern um, zur Verlesung des hohenpriesterlichen Gebetes - Joh. 17/1-8,24,26 - in der Übersetzung Rudolf Steiners:)

Väterlicher Weltengrund:
lasse offenbar werden Deines Sohnes Schaffen,
damit durch Deines Sohnes Schaffen
auch Du offenbar werdest.

Du hast ihn zum Schaffenden gemacht
in allen fleischlichen Menschenleibern,

dass er in die Zukunft lebend führe alle,
die durch Dich zu ihm kamen.

Sie werden in der Zukunft leben dadurch,
dass ihr Seelenauge bereitet ist,
Dich zu schauen
als den wahrhaft Einigen Weltengrund
und den schaffenden Christus Jesus,
den Du zu ihnen gesandt hast.

Durch mich wurdest Du im Erdensein
wieder offenbar,
als die Erde Deine Offenbarung umwölkte.
Solches war Dein Wille, der durch mich wirkte.

So auch, väterlicher Weltengrund,
lasse jetzt erstrahlen die Offenbarung,

die durch mich schon ward,
ehe Du in der Erdenwelt offenbar wurdest. -

Durch mich ward das Wort,
das Dich offenbart,
in Menschenseelen offenbar,
die durch Dich zu mir kamen.
Du warst in ihnen,
durch Dich kamen sie zu mir,
und sie haben in sich genommen
die Erkenntnis von Dir.

Von ihnen ward erkannt,
dass, was ich zu ihnen sprach,
von Dir, durch mich
zu ihnen gesprochen ward.

Väterlicher Weltengrund,
das erflehe ich,
dass sie,
die durch mich zu Dir gekommen sind,
immer sein mögen lebend bei Dir,
wie ich bei Dir bin,
und dass sie da schauen Deine Offenbarung,

die Du liebend vor mir erstrahlen ließest,
bevor die Erde noch war.
Durch mich ward offenbar das Wort,
das Dich offenbart,
und ich will tragen dies Wort
in Menschenseelen,
auf dass die Liebe, mit der Du mich liebest,
in ihnen sich bewahre,
und so auch mein ewiges Leben
ihr Leben ewig bewahre.

*(Der rechts Handelnde geht dann zu jedem einzelnen Kind,
gibt ihm die Hand und spricht:)*

Durch den Geist des Christus,
Der den Tod überwand,
Auf dass der Menschenseele
Das Leben ward gerettet,
Wurdest du geführt
Hier in dieser Kindesschule.
So leite der Christusgeist
    Deine Lebenskräfte,
    Deine Seelenmächte,
    Deine Geistesziele,
Durch des Lebens große Schule.

*(Der Handelnde begibt sich an seinen Platz zurück.
Der in der Mitte Handelnde spricht über das Osterfest in einer Ansprache,
die etwa folgenden Inhalt hat:)*

Liebe Kinder. Im Frühling war's, wo die Erde in ihren Pflanzen neues Leben
findet, da der Christus auf Golgatha durch den Tod ging. Er starb.
Aber er überwand den Tod. Als Sieger über den Tod lebet er mit den Menschen;
er lebet in den Menschen, die ihn suchen,
suchen mit all ihrem Denken, Fühlen und Wollen.
Und jedes Mal, wenn der Frühling das hohe Osterfest bringt,
dann soll der Mensch, wenn er das neue Leben der Erde schaut,
gedenken des Todes und der Auferstehung des Christus.
Liebe Kinder, gedenket jedes Jahr zu dieser Osterzeit des Festes,
das wir heute mit euch feiern und feiert es jedes Jahr neu,

auf dass in euch der Gedanke belebt werde von dem Tode, der Auferstehung des Christus und von seinem Wohnen in den Seelen derer, die ihn suchen.

(Musik oder Gesang, alle)

(Der in der Mitte Handelnde spricht:)

Liebe Kinder, allsonntäglich habe ich euch
entlassen, euch auffordernd, zu gedenken,
was ihr hier erlebt habt;
jetzt entlasse ich euch
mit sorgender Seele
in das Leben.
Der Christusgeist sei mit euch.
Suchet ihn,
Ihr werdet ihn finden:
Als euer Licht,
Als eure Kraft,
Als euren Führer,
Als euren Tröster.

(Musik)
(Jedes Kind wird einzeln entlassen, ein Helfer reicht ihm am Ausgang die Hand und spricht:)

Gedenke der Wichtigkeit dieses Augenblickes in deinem Leben,
Vergiss ihn nimmer, nicht in Freud, nicht im Leide.

Original Rudolf Steiner,
1921 den freien christlichen Religionslehrern der Freien Waldorfschule in Stuttgart gegeben.
Handlungsanweisungen sinngemäß Rudolf Steiners.

Siehe Text u.a. auch:
GA 343 (1993), 4.10.1921, vormittags, S.324-327 und GA 269 (1997), S.53-61.
Hohenpriesterliches Gebet siehe u.a.: GA 269 (1997), S.85-87.

Der Charakter, der für die anderen Jahreszeiten selbst formulierten Ansprachen, passt sich dem Jahreslauf an.

Diese Handlung wird beim ersten Mal (8. Klasse / in der Osterzeit) besonders festlich gestaltet und entspricht der «Konfirmation». Entgegen der Konfirmation in den Kirchen (auch der CG) führt die Jugendfeier aber in einen Prozess, ein andauerndes Werden, ist eine immer wieder stattfindende Handlung, die erst in der 9./10. Klasse, mit der Teilnahme an der Opferfeier, eine nächste Stufe erklimmt.

Arbeitsmaterial zur Kultus-Frage

DAS SAKRAMENT DER OPFERFEIER

Folgend die traditionelle Art
- wie vor allem in den Waldorfschulen und hp. Heimen.

Die Kerzen sind durch den links Handelnden entzündet.
Die Handelnden stehen vor Einlass der Feiergemeinschaft
am Opfertisch, Gesicht nach diesem gerichtet.
Nach dem Einlass öffnen alle ihre Bücher.
Die Opferfeier kann auch in anderer Form gehalten werden.

Der in der Mitte Handelnde: Ggf. Beginn mit dem Sonnenkreuz (ifcAG) :

In/Aus des Vaters Weltensubstanz, / In/Aus der Kraft des Vaters, (↓)
In/Aus des Christus Wortestrom, / In/Aus der Liebe des Christus, (→)
In/Aus des Geistes Lichtesglanz. / In/Aus dem Licht des Geistes. (↺)

EVANGELIUM

Es spricht der in der Mitte Handelnde zum Opfertisch hin:

Christi Taten auf Golgatha
Stehen vor unseren Seelen.

Die Weihe-Stimmung unserer Seelen
Offenbaret uns Christi Taten auf Erden.
Die Verehrung unserer Seelen
Betet zu Christi Menschheitsopfer.
Die Andacht unserer Seelen
Führe in diesen Opferraum
Das Erleben von Christi Menschheitsopfer.

Pause

Der Vatergott sei in uns,
Der Sohnesgott schaffe in uns,
Der Geistgott erleuchte uns.

Der in der Mitte Handelnde
wendet sich zur Feiergemeinschaft um und spricht:

Christus in euch.

Der rechts Handelnde erwidert in Richtung Opfertisch:

Und deinen Geist erfülle Er.

Nun spricht der rechts Handelnde in Richtung Opfertisch:

Zu dem Vatergotte
wenden
Wir unseren Geist.
Er webt im Weltengrunde,
Er lebt in unserer Menschheit.
Wir sind alles,
Was wir sind
In Seinem Sein,
Durch Seine Kraft.

Zu dem Sohnesgotte
wenden
Wir unsere Seele.
Er waltet als ewiges Wort
In Weltensein und Menschenwesen.
Wir finden Trost
Für unsere Schwachheit
In Seiner Stärke,
In Seiner Opfertat.

Zu dem Geistgotte
wenden
Wir unseren Willen.
Er leuchte in unseren Entschlüssen,
Er walte in unseren Taten.
Wir finden Stärke
In unserer Finsternis
Durch Sein Licht
Und Seelenkraft durch Ihn
Als Geistessonne.

Zum Opfertisch gewandt spricht der links Handelnde:

Mein Herz trage in sich
Das Bewusstsein Deines Lebens,
O Christus;

Meinen Lippen entströme
Dein reines Wort,
O Christus.
Deine Gnade würdige
Mich, zu sprechen Dein Wort,
O Christus.

Alle drei Handelnden wenden sich zur Feiergemeinschaft.
Kleine Pause, dann spricht der links Handelnde
zur Feiergemeinschaft hin:

Es wird nun verkündet das Evangelium nach:

....

Siehe Perikopenordnung (z.B. im Buch "Die Perikopen", siehe Literaturhinweise).

Zur

VERLESUNG DES EVANGELIUMS
durch den links Handelnden stehen alle auf.

Nach dem Evangelium wenden sich alle drei Handelnden
zum Opfertisch zurück.

Der in der Mitte Handelnde spricht:

Wir erheben unsre Seele
Zu Dir, O Christus.
Dein Evangelium
Als reines Wort,
Tilget aus unsern Worten,
Was unrein in ihnen ist.

Nur zu Pfingsten wenden sich alle Drei
wieder zur Feiergemeinschaft um
zur Verlesung des Pfingst-Hymnus «Veni creator spiritus»,
durch den in der Mitte Handelnden
und wenden sich danach wieder zurück.
Text siehe: Pfingsthandlung der Kinder-Sonntagshandlung.

Dann bzw. während des restlichen Jahres
wendet sich nach obigen Worten
der in der Mitte und der rechts Handelnde
zur Feiergemeinschaft um.

Der in der Mitte Handelnde spricht mit Segensgebärde:

Christus in euch.

Der rechts Handelnde antwortet zur Feiergemeinschaft:

Und deinen Geist erfülle Er.

Beide wenden sich wieder zum Opfertisch um.

OPFERUNG

Der rechts Handelnde spricht zum Opfertisch hin:

Dir, ewiger Weltengrund,
Webend in Raumesweiten
Und in Zeitenfernen,
Opfern die heiligsten Gefühle
Deiner Menschensprossen
Hingegebene Herzen.

Du schauest in die Schwächen
Dieser Herzen;
So ströme zu Dir auch
Die Sehnsucht dieser Herzen.

Der links Handelnde spricht, zum Opfertisch hin:

Ja, so sei es.

*Der in der Mitte Handelnde spricht, sehr langsam,
zum Opfertisch hin:*

All unser Menschensein
Denke hin zu Christi Tat.

Unser Leib sehnet sich
Nach Christi Kraft,
Unser Blut sehnet sich
Nach Christi Licht.

Mit erhobenen Armen und Blick zum Bild, frei gesprochen:

In Deinen Sonnenhöhen
O Christus, schaue
Auf das Opfer
Unseres Menschenseins;
Unseres beseelten Leibes,
Unseres durchgeisteten Blutes.
Sie seien in Dir,
Du seiest in ihnen.

Der rechts Handelnde spricht, zum Opfertisch hin:

Aus des Menschen Seelenopfer,
Aus des Menschen Geistesopfer,
Werde das wesenschaffende Liebefeuer,
Das walte von Mensch zu Gott,
Das walte von Mensch zu Mensch.

Der links Handelnde spricht, zum Opfertisch hin:

Ja, so sei es.

Der in der Mitte und der rechts Handelnde
wenden sich zur Feiergemeinschaft um,
der in der Mitte spricht mit Segensgebärde:

Christus in euch.

Der rechts Handelnde antwortet zur Feiergemeinschaft:

Und deinen Geist erfülle Er.

Beide wenden sich zum Opfertisch zurück.

WANDLUNG

Der links Handelnde spricht, zum Opfertisch hin:

Unser Denken leuchte
Dir entgegen,
Unser Fühlen sehne
Sich nach Dir,
Unser Wollen krafte
Nach Dir,
Göttlicher Weltengrund.

Der rechts Handelnde spricht, zum Opfertisch hin:

Unser Schicksal walte
Mit Dir,
Unser Leben fließe
In Dir,
Unser Sehnen trachte
Nach Dir,
Christus, Du Walter für uns.

Er hat sich geeint,
Bevor Er hinging
Zum Menschentode,
Mit den Seinen.
Er weihte Seinen Leib
- Den Träger Seiner Seele -
Dem göttlichen Weltengrund.
Er weihte Sein Blut
- Den Träger Seines Geistes -
Dem Lichte des Weltengrundes.
Und so gab Er sich hin
Den Seinen.
So lasset in Geistes-Wandelung
Unseren Leib
- Unserer Seele Träger - ,
Unser Blut
- Unseres Geistes Träger -
Werden Seinen Leib,
Werden Sein Blut.
Er sprach:
Nehmet hin;
Seine Gnade lasse uns sprechen:
Nimm hin:
Wir möchten
Dir geben:
Das Opfer,
Im Lichte
Deines Opfers,
Suchend unser Sein
In Deinem Sein.
Christus walte
Heil-tragend
In unserer Seele,
Kraft spendend
In unserem Geiste.

Christus ist in uns.
Sein Licht leuchtet,
Seine Gnade waltet,
Seine Kraft webet allhier.

Der links Handelnde spricht, zum Opfertisch hin:

Der Geist-Gott
Walte über unser Denken,
Webe in unserem Fühlen,
Wirke aus unserem Wollen.

Alle Handelnden wenden sich zur Feiergemeinschaft um.
Der in der Mitte Handelnde spricht mit Segensgebärde:

Christus in euch.

Der rechts Handelnde antwortet zur Feiergemeinschaft:

Und deinen Geist erfülle Er.

Der links Handelnde spricht:

Ja, so sei es.

Alle Handelnden wenden sich wieder zum Opfertisch.

KOMMUNION

Der links Handelnde spricht, zum Opfertisch hin:

O Christus, Du hast
In unerschöpflicher Güte,
In unermesslicher Liebe,
In grenzenloser Gnade,
Den Frieden gegeben
Den Deinigen ...

Der rechts Handelnde spricht unmittelbar anschließend,
zum Opfertisch hin:

So mache unseren Geist
Hell von Licht erfüllt,
So mache unser Wort

Rein von Gedanken erfüllt,
So mache unser Herz
Lauter und sündenrein.

*Der in der Mitte Handelnde spricht langsam,
zum Opfertisch hin:*

Christus in uns.

Sein heller, lichterfüllter Geist
In unsrem Geiste,
Seine reinen, seelewarmen Gedanken
In unsrer Seele,
Sein lautres, sündenreines Herz
In unsrem Herzen.

Christus, wir empfangen Dich:
Zur Gesundung unsres Leibes,
Zur Gesundung unsrer Seele,
Zur Gesundung unsres Geistes.

Der links Handelnde spricht, zum Opfertisch hin:

Ja, so sei es.

*Der Kommunionsakt.
Alle drei Handlungshaltende wenden sich
zur Feiergemeinschaft um.
Zur Kommunion stehen die dazu bereiten Teilnehmer auf,
bzw. sitzen in der ersten Reihe.*

*Der rechts Handelnde geht zu ihnen,
berührt mit folgenden Worten
deren Stirn mit Zeige- und Mittelfinger:*

Christi Geist lebe in dir.

Der/die Empfangende antwortet:

Ich darf empfangen Christi Geist.

*Der rechts Handelnde geht wieder auf seinen Platz,
mit Blick zum Opfertisch,
gleichzeitig wenden sich
die beiden anderen Handlungshaltenden mit ihm zurück.*

SCHLUSS

Alle Handelnden wenden sich zur Feiergemeinschaft um.
Der in der Mitte Handelnde spricht mit Segensgebärde:

Christus in euch.

Der rechts Handelnde antwortet:

Und deinen Geist erfülle Er.

Der links Handelnde spricht:

Nehmet hin dies,
Als die opfernde Tat
Der Menschenseele.

Der rechts Handelnde spricht:

Ja, so sei es.

Die Handelnden wenden sich wieder zum Opfertisch hin.
Die Handlungsbücher werden geschlossen.

Musik möglich.

Die Feiergemeinschaft verlässt den Raum.

Danach werden die Kerzen vom links Handelnden gelöscht.
Die Handelnden verlassen ihre Plätze am Opfertisch.

Original Rudolf Steiner,
1923 den freien christlichen Religionslehrern der Freien Waldorfschule in Stuttgart gegeben.

Handlungsanweisungen gemäß Rudolf Steiners (im Original sind keine vollständigen Anweisungen gegeben) und der gegenwärtigen Praxis insbesondere in den Freien Waldorfschulen.

Angaben und Beiträge zur Opferfeier siehe auch in: «Hinweise zu den Handlungen des freien christlichen Religionsunterrichts und zur Raumgestaltung», Ausarbeitung:
Helmut von Kügelgen, Januar 1993. Zu beziehen bei der Pädagogischen Sektion, Goetheanum, Dornach,

Siehe Text u.a. auch:
GA 269 (1997), S.63-79, handschriftliches Original (Faksimile).

Sie finden alle sieben Sakramente im Kultushandbuch "Die Sakramente..."
siehe Literaturhinweise!

Sie finden alle Bücher aus dem Forum Kultus auch auf der Website
www.ForumKultus.info
Hier finden Sie auch die gesamte Thematik vorgestellt !

Du -
der du uns frei geschaffen hast,
der du alles siehst,
was geschieht -
und dennoch
des Sieges gewiss bist,

Du -
der du jetzt unter uns
der bist,
der die äußerste Einsamkeit leidet,

Du -
der du auch Ich bist,

dürfte ich
deine Bürde
tragen,

wenn
meine Stunde
kommt,

dürfte ich -

Dein -
denn dein Wille
ist mein Geschick,
geweiht -

denn mein Geschick ist,
gebraucht und verbraucht
zu werden,

nach deinem Willen.

Dag Hammarskjöld

Arbeitsmaterial zur Kultus-Frage

Die sieben Sakramente

in der Darstellung Rudolf Steiners
und der / unserer * freien christlichen Praxis heute

INDIVIDUALITÄT
Im menschlichen Lebenslauf

1 + Geburt   **Empfang**skultus *(Kinder-**Taufe** **)*
    (Physischer Leib)   *(BAPTISMA)*

2 + Erwachen   **Jugendfeier** *(Konfirmation)*
    (Ätherleib)   *(CONFIRMATIO)*

3 + Wandlung   **Opferfeier** *(Gottesdienst - Abendmahl)*
                          als Zentralsakrament
    (Astralleib)   *(EUCHARISTA)*

4 + Erinnerung   **Lebensschau** *(Beichte)*
    (Ich)   *(PAENITENTIA)*

5 + Tod   **Abschiedskultus**
                          Hl. Ölung - Aussegnung - Bestattung
    (Geistselbst)   *(EXTREMA UNCTIO)*

GEMEINSCHAFT

6 + Christen-   Weihe der **Verbindung** *(Priester-Weihe ***)*
    Gemeinschaft   (Erwachsenen-**Taufe**)
    (Lebensgeist)   *(ORDO)*

7 + Lebensgemeinschaft **Trauung** *(Ehe-Weihe)*
    (Geistesmensch)   *(MATRIMONIUM)*

Sie können natürlich auch andere Perspektiven einnehmen.

* in der "Initiative für ein freies, anthroposophisch + sakramental vertieftes Christ-Sein heute",
im "Forum Kultus" und der "Initiative, freie christliche Arbeitsgemeinschaft".

** *Die Kinder-Taufe wird von Rudolf Steiner ausdrücklich nicht als "Taufe",
sondern als Empfangskultus für das Neugeborene angesehen.*

*** *So fände die wirkliche "Taufe", als bewusstes Bekenntnis und Handeln, erst im 6. Sakrament statt, und ist
damit gleichzeitig Aufruf auch zum allgemein-priesterlich-christlichen Wirken.*

Siehe alle Sakraments-Texte in :
"DIE SAKRAMENTE in der freien christlichen Fassung Rudolf Steiners heute", BoD-Verlag;
KULTUS-HANDBUCH, in verschiedenen Ausführungen,

Es ist das Wesen des Sakramentalismus,

dass der Mensch das Alltägliche mit spiritueller Weihe erfüllt. ...
Das ist etwas, was wirksam ist und immer wieder wirksam sein wird.
Wer das weiß, der weiß auch, dass bei unserer Kultur eine Umkehr
notwendig ist.
Man mag sich noch so sehr bemühen, diesen physischen Plan
in Harmonie, in Ordnung zu bringen, es wird fehlschlagen,
solange man nur auf dem physischen Plane arbeitet;
wird auf der einen Seite Harmonie geschaffen, so wird auf der anderen
Seite Disharmonie entstehen. Lassen sie aber das Spirituelle wirken,
so werden sie sehen, dass das Alltägliche in einer ganz anderen Weise
angefasst wird.
Das ist Sakramentalismus.
Dieser Gedanke liegt auch dem christlichen Sakramentalismus zugrunde:
die Heilung vom spirituellen Plane aus.
Ein Sakrament ist eine physische Handlung, die so verrichtet wird,
dass in ihr sich ein geistiger Vorgang ausdrückt. ...
Nichts ist im Sakrament willkürlich. Alles ist bis ins Kleinste hinein
ein Abbild eines höheren okkulten Vorganges.
Derjenige, der ein Sakrament verstehen will, bei dem das Zeremoniell ein
Abbild ist eines geistigen Vorganges, der muss sich bekanntmachen mit
dem, was da zugrundeliegt.
Es ist ein okkulter Vorgang, der den äußeren Augen entzogen ist.
Bei jedem Sakramentalismus vollzieht sich nicht nur etwas Verstandes-
mäßiges, sondern es vollzieht sich etwas,
was eine reale, okkulte Bedeutung hat.
Der Mensch muss wiederum spirituelles Leben schaffen
bis in jeden Handgriff und jeden Schritt hinein;
und das wieder einzuführen, ist die Aufgabe und das Bestreben
der spirituellen Bewegung (der Anthroposophie - VDL).
Der Sakramentalismus der früheren Zeit muss wiederkommen.
Man muss wissen, dass es ein anderes ist, aus dem Geiste heraus
zu handeln, als aus dem Materiellen heraus zu handeln.
Spirituelles Leben wieder ausströmen zu lassen, das ist unser Ziel.

Rudolf Steiner, GA 92, S. 35f

Dasjenige, was im katholischen Dogma liegt,
geht ja auf bestimmte Formen älterer Erkenntnis zurück.
Man stellt sich vor, **dass zwischen Geburt und Tod
der Mensch sieben Stadien durchmacht.**

Erstens die Geburt selber, dann dasjenige, was man das Reifwerden
nennt, die Pubertät, dann das, was man das Bewusstwerden der
Innerlichkeit nennt um das 20. Jahr herum, dann das Gefühl, der Welt
nicht zu entsprechen, nicht ganz Mensch zu sein, das ist das vierte.
Und dann, nicht wahr, das allmähliche Hineinwachsen in das Geistige.
Diese Dinge sind dann etwas schwankend geworden, aber man stellte
sich das ganze menschliche Leben einschließlich des sozialen in sieben
Etappen vor, und man stellte sich vor, dass der Mensch zwischen Geburt
und Tod herauswächst aus dem Geiste. ..

Diesen sieben Etappen müssen (jeweils) andere Kräfte entgegen-
gehalten werden.
Die Geburt ist eine Evolution, das Reifwerden ist eine Evolution,
jeder Evolutionsform wird eine Involutionsform entgegengestellt:
der Geburt die Taufe, der Pubertät die Firmung.
Jedes Sakrament ist das Inverse zu einer natürlichen Etappe
in der Evolution.
Man kann sagen, die katholische Lehre stellt sieben Evolutionsstufen dar,
denen sie gegenüberstellt sieben Involutionsstufen,
und das sind die sieben Sakramente,
von denen vier irdisch sind, nämlich *Taufe, Firmung, Altarsakrament,
Buße*. Diese vier sind so allgemein-menschlich wie physischer Leib,
Ätherleib, Astralleib und Ich. Wenn sie höher hinaufgehen, kommen sie
zum Geistselbst, Lebensgeist und Geistesmenschen. So wie das Herein-
scheinen aus der geistigen Welt, so sind die drei letzten Sakramente
diejenigen, die in das Soziale gehen: die *Ehe*, die *Priesterweihe*, die
Letzte Ölung. Das Hereindringen der geistigen Welt kommt in der
Priesterweihe zum Ausdruck. Das sind also die sieben Sakramente, von
denen die letzten sind die Letzte Ölung, die Priesterweihe und die Ehe.

Es sind einfach die Sakramente die inversen Vorgänge
für die natürlichen Vorgänge, die sich vollziehen für den Menschen,
und danach sind auch die entsprechenden Kulthandlungen
eingerichtet.

Rudolf Steiner, GA 342, S. 137f
Siehe diesen Beitrag Rudolf Steiners in Gänze im Info-Buch, S. 169 (s. hier S.123)

Arbeitsmaterial zur Kultus-Frage

Der freie christliche, sakramentale, allgemein-priesterliche Impuls Rudolf Steiners heute *

Gott ist die Liebe!
Und wer in der Liebe ist, der ist in Gott und Gott in ihm.

Wo zwei oder drei in meinem Namen versammelt sind,
da bin ich mitten unter ihnen !

+ TAUFE + TRAUUNG + BESTATTUNG
+ OPFERFEIER

Die sieben Sakramente
- überkonfessionell - allgemein-priesterlich
- individuell - frei

Die Freiheit auch dem Sakramentalismus einverweben

Was aus der Tauff krochen ist,
das mag sich rühmen,
dass es schon Priester, Bischof und Papst geweihet sei.

Martin Luther

FORUM KULTUS
INITIATIVE, FREIE CHRISTLICHE ARBEITS-GEMEINSCHAFT
Initiativen für ein freies, anthroposophisch + sakramental
vertieftes Christ-Sein heute

* Dabei geht es dem Forum "Kultus" vor allem um die *"laien"-priesterliche*
Taufe, Trauung, Bestattung, Opferfeier.
Für die speziellen "Schulhandlungen", insbesondere Sonntagshandlung, Jugendfeier,
werden in der Regel - wie hier beschrieben - die Waldorfschulen / anthro. Heime
als zuständig empfunden.

Jeder Mensch ..werde.. ein Priester !

- ## CHRIST-SEIN HEUTE
Gott ist Über-all ! Brauchen wir Kirchen, Hirten, Fremdbestimmung ?
Die Arznei der Sakramente: überkonfessionell, frei, nicht mehr
institutionalisiert, verengt in kirchliche, konfessionelle Perspektiven !

- ## DIE FREIHEIT DES CHRISTENMENSCHEN
  ## UND DIE INDIVIDUELLE SITUATION
"Die Freiheit auch dem Sakramentalismus einverleiben!" *(Wiesberger)*
Freiheit = Handeln aus der "moralischen Intuition" eines "ethischen
Individualismus" ! Überkonfessionell + individuell + geschwisterlich + frei.
Nur die *eigene, individuelle Beziehung* zur Geistigen Welt
ist der Maßstab religiösen, sakramentalen, spirituellen Handelns.

- ## DAS ALLGEMEINE CHRIST=PRIESTER-SEIN
Heute brauchen wir nicht mehr unbedingt einen Vermittler zwischen
uns und der Geistigen Welt, einen kirchlich zertifizierten Amts-Priester und
"Hirten" ("Zwei-Stände-System"), der *allein* sakramental handeln darf.
Ziel: Das "Allgemeine Priestertum" ! : *Jeder Mensch - werde - ein Priester* !

- ## DIE SAKRAMENTE
  ## AUS DER QUELLE DER FASSUNGEN RUDOLF STEINERS
Die Sakramente kultushistorisch fortgeschritten (allgemein ["laien"]-
priesterlich, als "direkter Kultus"), freilassend und doch spirituell
tiefgreifend, die geistigen Vorgänge real und wirkungsvoll ergreifend
in Worte zu fassen, das trauen wir Rudolf Steiner zu.
So sind diese individuell zu handhabenden, *sieben* Sakramente *Funda-
ment*, aber auch "*ein Anfang*", der zeitgemäß "fortgesetzt" werden soll.

- ## DIE ANTHROPOSOPHIE
Die Anthroposophie ist ein undogmatisches *Erkenntniswerkzeug*,
ein individueller, freier Weg, *unabhängig* eines religiösen Standpunktes.
Weil die "Anthroposophische Gesellschaft" eine interreligiöse ist,
arbeiten wir zwar als Anthroposophen, aber *autonom* von dieser.

- ## CHRISTEN-GEMEINSCHAFT
Freie Christen handeln! Handelnde tragen Verantwortung.
Für ein gemeinsames Handeln müssen Wege praktiziert werden,
die ein destruktives Miteinander durch einen persönlichen und
gemeinsamen, spirituellen und sozialen Schulungsweg verhindern !
Auf dem Weg zu einer Kultus-Trage-Verantwortungs-Gemeinschaft.

DER FREIE CHRISTLICHE IMPULS

Mit dem Begriff **"Der freie christliche Impuls"** benennt vor allem
das von Anthroposophen betriebene
"Forum Kultus - Initiative für ein freies, anthroposophisch + sakramental
vertieftes Christ-Sein heute"
den durch RUDOLF STEINER gegebenen *"laienpriesterlichen"*,
sakramentalen Kultus, in der heutigen, *umfassenden* **Handhabung
mit allen** *sieben* **Sakramente.**

Als "freie christliche *Handlungen"* werden in der anthroposophischen
Bewegung
- **1.** *einerseits* die **"freien christlichen Schulhandlungen"** - mit den
"Sonntagshandlungen", dem Sakrament der "Jugendfeier" und dem
Zentralsakrament "Opferfeier", eingebunden in den "freien christlichen
Religionsunterricht" - in den Freien Waldorfschulen und vielen heil-
pädagogischen Heimen verstanden *(die HIER - in diesem Kurz-Infobuch -
NICHT speziell behandelt werden!, dafür sind die Schulen zuständig)*,

- **2.** *andererseits* - aber in der Regel unbekannt - gehören dazu die
laienpriesterlich, außerhalb dieser Institutionen gegebenen Sakramente,
insbesondere der **Taufe, Trauung, Bestattung**
(prinzipell jedoch alle *sieben Sakramente* und von Steiner gefassten
Rituale [dabei gehört die **Opferfeier** zu beiden Räumen]),
die allerdings vor allem durch den Monopolanspruch der Kirche
"Die Christengemeinschaft" verdrängt und in Vergessenheit gerieten,
aber seit den 1990'ern vom "Forum Kultus" wieder und neu aufgegriffen
und öffentlich gemacht wurden.

Somit stehen heute wieder die *"sieben Sakramente"*
auch praktisch, allgemein-priesterlich zur Verfügung :

"TAUFE" (Empfangskultus), (als Rituale: "Sonntagshandlung für die Kinder"
mit Einschübe für Weihnachten und Pfingsten), "JUGENDFEIER"
(Konfirmation), "OPFERFEIER", "LEBENSSCHAU" (Beichte), "LETZTE ÖLUNG"
(mit den Sterberitualien: "Aussegnung", "Bestattung" [auch für Kinder],
ggf. "Urnenbeisetzung", "Totenhandlung"), "WEIHE" (bzw. Erwachsenen-
Taufe), "TRAUUNG".

Die hier von Rudolf Steiner an Anthroposophen vermittelten Sakramente
sind **überkonfessionell** und "**laien-priesterlich**" gegeben,
d. h. sie benötigen **nicht mehr eine** "**Kirche**"

und den *kirchlich* legitimierten Priester, bzw. eine "*geweihte*" Persönlichkeit, um wirksam und berechtigt gehandhabt zu werden. [22]

Weil diese Sakramenten-Texte die Vorgänge (aus der Sicht des eingeweihten Geistesforschers Rudolf Steiner) *objektiv* wiedergeben und keine spezielle Perspektive spiegeln, sind sie universal, überkonfessionell handhabbar, d.h. **für** "**verschiedene Lebenszusammenhänge**" *(R.St.)* einsetzbar.

So konnten sie fast *wortgleich* von Rudolf Steiner dann - größtenteils - *auch* der Kirche "**Die Christengemeinschaft**" **gegeben** werden, allerdings deren kirchlich-amtspriesterlichen Rahmen entsprechend, und somit spirituell und in der Form diametral zu einem freien christlichen Handeln.

Den sakramentalen, "freien christlichen" Impuls sahen Rudolf Steiner und die Empfänger als kultushistorisch fortgeschritten gegenüber dem kirchlichen an (= Laienpriestertum / Direkte Wandlung). [23]
Er schöpft aus der "**moralischen Intuition**", der "Freiheit" eines "ethischen Individualismus" [24], der **individuellen Tat** des Einzelnen als Antwort auf die individuellen Bedürfnisse und Möglichkeiten und konkreten Fragen des Du, als geschwisterlichen Beistand, nicht mehr aus der Tradition, Zuständigkeit, Direktive, Dogmatik und Hierarchie einer Kirche / Konfession, eines institutionalisierten Christentums.
So auch das Motto des Forum Kultus:
"**Jeder Mensch** ..werde.. **ein Priester!**".

Seit der Inauguration dieser "erneuerten Sakramente" ist aber ein Jahrhundert vergangen, mit dramatischen Umwälzungen, aber auch ein auch durch die Anthroposophie verändertes, neues Bewusstsein liegt vor, sodass auch diese Handlungen angeschaut, dementsprechend begriffen und ggf. **zeitgemäß angepasst** werden müssen. [25]

---

22   "Was in der Entwicklung der Christenheit als Sehnsucht und Streben nach Laien-Priestertum immer wieder erstand - allerdings auch immer wieder verfolgt und schließlich zum Verschwinden gebracht wurde -, das hat hier durch Rudolf Steiner eine neue Keimlegung erfahren, die je nach der Schicksalsführung des Einzelnen ihre Früchte zeitigen kann." *(Maria Röschl-Lehrs, GA 269, S. 131).*
23   "...zusammengeschaut, machen klar, wo die Opferfeier auf der Linie historischer Entwicklung einzureihen ist: nicht vor, sondern *nach* der Messe mit Brot und Wein." *(Maria Röschl-Lehrs, GA 269, S. 128).*
24   Die Wurzeln des "freien christlichen Impulses", wie ihn das Forum Kultus aufgreift, liegen insbesondere in der "moralischen Intuition" der "Philosophie der Freiheit" *(Rudolf Steiner, GA 4, S. 158).*
25   "Nehmen sie auch so etwas als einen Anfang hin ... wie überall eben aus dem Lebendigen heraus das Kultusartige gesucht werden muss. ... Etwas Prinzipielles kann es im Leben der Welt überhaupt nicht geben, sondern es kann nur das sich in Leben Wandelnde geben." *(Rudolf Steiner, GA 269, S. 37)* "Wenn heute (1923!) einer die Dinge in derselben Weise vertritt, mit der man sie 1919 vertreten hat, man da um Jahrhunderte zurückgeblieben ist." *(Rudolf Steiner, 31.12.1923)*

So steht auch die **Sakramentalisierung des ganzen Alltags** im Raum.

Als ein **autonomer Arbeitskreis** kultisch engagierter Anthroposophen, auf der Ebene der "Freien Hochschule für Geisteswissenschaft", hat das "Forum Kultus" die Fragen eines sakramentalen "freien christlichen" Kultus wieder aufgegriffen, erarbeitet und veröffentlicht und steht auf Anfrage auch selbst zur Spendung der Sakramente bereit, bzw. als Netzwerk zur Vermittlung.
Prinzipiell ist aber ein **jeder wahrhaftig Strebender** dazu aufgerufen und berechtigt (= allgemeines Priestertum / "Laienpriestertum") ! [26]

Eine Missionierung oder **große Massen** zu erreichen ist **nicht die Absicht.** Das widerspräche einem Impuls "von unten", der aus dem selbst verantworteten, individuellen Engagement, dem Beistand in überschaubaren, ja oftmals doch auch karmisch bedingten, **direkten Beziehungen**, bzw. aus der individuellen Nachfragen heraus agiert.
Eine Konsumhaltung an einen Dienstleistungsbetrieb wird abgelehnt.

Zur allgemeinen Information und Bearbeitung, als Grundlage dass informiert und bewusst entschieden werden kann, wird - hauptsächlich von z.Z. Volker David Lambertz, der auch das "Büro" des Forums betreibt - die Thematik in Büchern und Websites - in bewusst kleinen Rahmen - bekannt gemacht. [27]

Bloß ist mein Christentum
absolut nicht kirchlich gebunden.
Ich bin ein richtiger Ketzer
für Christus ! ...

Das Priestertum des Menschen
ist das einzige, das mir einleuchtet,
und darum bin ich so dankbar,
dass ich Rudolf Steiner begegnete.

Maria Röschl-Lehrs "Vom zweiten Menschen in uns"

Dazu gehört auch die - bereits seit vielen Jahren durch die Rudolf Steiner Nachlassverwaltung und dem Vorstand der Allgemeinen Anthroposophischen Gesellschaft vorgenommene - *Veröffentlichung* der kultischen Texte.
26   Die hier (in diesem Buch) geschilderten Perspektiven/Positionen sind die der "Initiative für ein freies, anthroposophisch + sakramental vertieftes Christ-Sein heute" !
27   U. a.: www.ForumKultus.info und (ökumenisch) www.ÖAGFC.org

Arbeitsmaterial zur Kultus-Frage

Literaturhinweise - eine Auswahl

EIN-BLICK

Sie erhalten das Werk Rudolf Steiners in jeder Buchhandlung vom
RUDOLF STEINER-VERLAG
Hügelweg 34, CH - 4143 Dornach
Tel.: 0041 (0)61 706 91 30 / Fax: 0041 (0)61 706 91 39
EMail: verlag@rudolf-steiner.com / Internet: www.rudolf-steiner.com

Wer sich einführend oder detaillierter mit Rudolf Steiner und der
Anthroposophie beschäftigen will, fordere den Katalog an, des
VERLAG FREIES GEISTESLEBEN & URACHHAUS
Landhausstr. 82, D-70190 Stuttgart
Tel.: 0049 (0)711 2853200 / Fax: 0049 (0)711 2853210
EMail: info@geistesleben.com / Internet: www.geistesleben.com

Im INTERNET zur Anthroposophie und zu Rudolf Steiner :
www.anthroposophy.com
www.rudolf-steiner.de
www.anthroposophie-de.com
www.goetheanum.org
www.anthro-net.de (Adressendatenbank)

oder wenden Sie sich mit Ihren Fragen an den
Förderkreis Forum Kultus
Post@Forum-Kultus.de

aus der Anthroposophie

ZUR RELIGIÖSEN ERZIEHUNG
WORTLAUTE RUDOLF STEINERS
ALS ARBEITSMATERIAL FÜR WALDORFPÄDAGOGEN
Als Manuskript gedruckt durch die Pädagogische Forschungsstelle
beim Bund der Freien Waldorfschulen, 70184 Stuttgart, Heidehofstr. 32,
bzw. bei «Drucktuell»
IN: ZUR GESCHICHTE UND AUS DEN INHALTEN
DER ERKENNTNISKULTISCHEN
ABTEILUNG DER ESOTERISCHEN SCHULE, 1904-1914, Band 2,
Kapitel ZUR EINFÜHRUNG: *b.w.!*

VOM GEISTESWISSENSCHAFTLICHEN SINN DES KULTISCHEN
Hella Wiesberger, Rudolf Steiner-Verlag, Dornach, GA 265
Private Kopie zu erfragen bei VDL (siehe auch Info-Buch!)

DAS VERHÄLTNIS DER STERNENWELT ZUM MENSCHEN
UND DES MENSCHEN ZUR STERNENWELT -
DIE GEISTIGE KOMMUNION DER MENSCHHEIT
VORTRAG VOM 30.12.1922
Rudolf Steiner, Rudolf Steiner-Verlag, Dornach, GA 219
oder einzeln als Sonderdruck auch vom Förderkreis oder im Info-Buch

VORTRÄGE UND KURSE
ÜBER CHRISTLICH-RELIGIÖSES WIRKEN
ANTHROPOSOPHISCHE GRUNDLAGEN FÜR EIN
ERNEUERTES CHRISTLICH-RELIGIÖSES WIRKEN
Rudolf Steiner, Rudolf Steiner-Verlag, Dornach, GA 342 - 346

RITUALTEXTE FÜR DIE FEIERN DES
FREIEN CHRISTLICHEN RELIGIONSUNTERRICHTES
und das Spruchgut für Lehrer und Schüler der Waldorfschule
Rudolf Steiner, Rudolf Steiner-Verlag, Dornach, GA 269

ANTHROPOSOPHISCHE GEMEINSCHAFTSBILDUNG
Rudolf Steiner, Rudolf Steiner-Verlag, Dornach, GA 257

BAUSTEINE FÜR EINEN SOZIALEN SAKRAMENTALISMUS
Dieter Brüll, Verlag am Goetheanum, ISBN: 978-3-7235-0777-8

GESPRÄCH ALS KULTUS
Christlicher Einweihungsweg, Wiederkunft, Bruderschaft
Gerhard von Beckerath, Verlag am Goetheanum, ISBN: 3-7235-1238-0

KARMA - GEMEINSCHAFT
Ein künstlerischer Impuls zur Begründung einer freien Armutsbewegung
aus der anthroposophischen Bewegung heraus - Ein Skizzen-Buch
Rainer Schnurre, Schnurre & Woitsch-Verlag,
Bundesallee 140, 12161 Berlin

DAS RELIGIÖSE DER ANTHROPOSOPHIE -
Der kosmische, der umgekehrte Kultus
Friedrich Benesch, Verlag Die Pforte (1985), ISBN: 978-3-85636-069-7

ZUR KULTUS-FRAGE - Gesammelte Aufsätze
Hergen Noordendorp, Rheinstr. 23, 34317 Habichtswald

DER UMGEKEHRTE KULTUS UND DER KOSMISCHE KULTUS
Eine Aufgabe der Anthroposophischen Gesellschaft
Paul Hofmann, Fred Poeppig, Selbstverlag Paul Hofmann (1990),
ISBN: 3-928094-02-5

GLAUBE ALS ERKENNTNIS-RELIGION
FÜR EINE NEUE SOZIALÄSTHETIK
DER ERWEITERTE GLAUBENSBEGRIFF INDIVIDUALISMUS UND SOZIALE ENTWICKLUNG
Stefan Karl, Panoramastr. 22, 88631 Hausen

DER ANTHROPOSOPHISCHE SCHULUNGSWEG - Ein Überblick
Paul Eugen Schiller, Verlag am Goetheanum, ISBN: 3-7235-0272-5

MEDITATION UND CHRISTUSERFAHRUNG
Jörgen Smit, Verlag Freies Geistesleben, ISBN: 3-7725-1055-8

DER ANTHROPOSOPHISCHE ERKENNTNISWEG
Frans Carlgren, Verlag Freies Geistesleben, ISBN: 3-7725-1239-9

MEDITATION
Friedrich Rittelmeyer, Verlag Urachhaus, ISBN: 3-87838-1174

DIE BELEBUNG DES HERZCHAKRA
Florin Lowndes, Verlag Freies Geistesleben, ISBN: 3-7725-1620-3

VOM MEDITATIVEN LEBEN
Ernst Suter-Schaltenbrand, Verlag am Goetheanum, ISBN: 3-7235-1106-6

DER MENSCH ZWISCHEN KOSMISCHEN UND IRDISCHEN ENERGIEN
Siegfried Woitinas, Verlag Urachhaus, ISBN: 3-8251-7330-5

DIE SOZIALE WELT ALS MYSTERIENSTÄTTE
Harrie Salman, Lazarus-Verlag, ISBN: 3-924967-07-5

DER JAHRESKREISLAUF ALS EINWEIHUNGSWEG
ZUM ERLEBEN DER CHRISTUS-WESENHEIT
Sergej O. Prokofieff, Verlag Freies Geistesleben, ISBN: 3-7725-0857-X

DIE OKKULTE BEDEUTUNG DES VERZEIHENS
Sergej O. Prokofieff, Verlag Freies Geistesleben, ISBN: 3-7725-1126-0

PERIKOPENBUCH
Die Stellen aus dem Evangelium für die freien christlichen Handlungen.
Hrsg. Helmut von Kügelgen, Heft 5 des Studienmaterials der
Internationalen Vereinigung der Waldorfkindergärten,
Heubergstr. 11, 70188 Stuttgart

DIE SONNTAGS-EVANGELIEN
F. Behrmann, Freie Waldorfschule, Jakobsbergerholzweg 54,
CH-4059 Basel

Judith von Halle
Verlag für Anthroposophie, CH-Dornach

- 'Und wäre Er nicht auferstanden...' Die Christus-Stationen auf dem Weg zum
geistigen Menschen, ISBN: 3-7235-1255-0
- Von Krankheiten und Heilungen .. und von der Mysteriensprache in den
Evangelien, ISBN: 978-3-7235-1314-9
- Stoffes-Sterben und Geist-Geburt .. Kosmische Aspekte zur Todesstunde auf
Golgatha, ISBN: 978-3-03769-049-9
- Vom Leben in der Zeitenwende .. und seinen spirituellen Hintergründe, ISBN: 978-
3-03769-015-4
Und weitere Veröffentlichungen, siehe : www.v-f-a.ch

Iris Paxino
- Engelstunden - Gespräche mit der Engelwelt
Verlag Freies Geistesleben, ISBN: 978-3-7725-2944-3
- Brücken zwischen Leben und Tod - Begegnungen mit Verstorbenen
Verlag Freies Geistesleben, ISBN: 978-3-7725-2882-8
Und weitere Veröffentlichungen, siehe : www.geistesleben.de

aus Theologie und Ökumene

EINANDER PRIESTER SEIN -
ALLGEMEINES PRIESTERTUM
IN ÖKUMENISCHER PERSPEKTIVE
Hans-Martin Barth, Verlag Vandenhoeck & Ruprecht,
ISBN: 3-525-56532-1

WORAUF ES ANKOMMT -
WOLLTE JESUS EINE ZWEI-STÄNDE-KIRCHE ?
Herbert Haag, Herder-Verlag, ISBN: 3-451-26049-2

NACHKIRCHLICHES CHRISTENTUM
DER LEBENDE JESUS UND DIE STERBENDE KIRCHE
Rupert Lay, ECON-Verlag, ISBN: 3-430-15939-3

KLEINE SAKRAMENTENLEHRE
Leonardo Boff, Patmos Verlag, ISBN: 3-491-77406-3

EINFÜHRUNG IN DIE LITURGIK
Christoph Albrecht, Verlag Vandenhoeck & Ruprecht,
ISBN: 3-525-57176-3

ZUR FRAGE DER CHRISTLICHKEIT DER CHRISTENGEMEINSCHAFT
Evang. Oberkirchenrat Stuttgart, Markstein Verlag,
ISBN: 3-935129-14-9

KIRCHE LEBT VON UNTEN
Martin Seidler, Michael Steiner, Peter Hammer Verlag,
ISBN: 3-87294-855-5

WIE TREIBT MAN THEOLOGIE DER BEFREIUNG?
Leonardo & Clodovis Boff, Patmos-Verlag, ISBN: 3-491-77653-8

DIE MACHT DER FRIEDFERTIGEN
Radikale Alternativen zu Elend, Knechtschaft, Krieg und Revolte
Lanza del Vasto, Verlag F.H. Kerle (1982), ISBN: 3-600-30095-4

MARTIN LUTHER
Mystische Erfahrung und christliche Freiheit im Widerspruch
Gerhard Wehr, Novalis-Verlag, ISBN: 3-7214-0673-7

ESOTERISCHES CHRISTENTUM
Von der Antike bis zur Gegenwart
Gerhard Wehr, Klett-Cotta, ISBN: 3-608-91719-5

REINKARNATION IM NEUEN TESTAMENT
James M. Pryse, Schirner Verlag, ISBN: 3-89767-456-4

WAS ERWARTET UNS NACH DEM TOD?
24 Darstellungen von Religionen und Konfessionen
Siegfried Raguse, Gütersloher Verlagshaus Mohn (1983)
ISBN: 3-579-01069-7

MIT ENGELN LEBEN - Ein spiritueller Weg
Hans Stolp, Aquamarin-Verlag, ISBN: 3-89427-252-X

DAS NEUE TESTAMENT -
Interlinearübersetzung Griechisch-Deutsch
Dietzfelbinger, Hänssler-Verlag, ISBN: 3-7751-0998-6

FORUM KULTUS

DIE SAKRAMENTE
in der freien christlichen Fassung Rudolf Steiners heute

Alle Sakraments-TEXTE Rudolf Steiners für eine freie christliche Handhabung.
KULTUS-HANDBUCH, in verschiedenen Ausführungen :

→ Leinen DIN A6, 350 S.
→ auch mit Goldschnitt *(extra anfragen!)*,
ISBN: 978-3-0000-7899-6 (nur über den Förderkreis!)
→ Hardcover, (12x19cm), 384 S., BoD-Verlag, ISBN: 978-3-7322-4764-6
→ gekürzte Liturgie-Ausgabe, Leinen, DIN A5, 208 S. (über den Förderkreis!).

SAKRAMENTE HEUTE
Der freie christliche Impuls Rudolf Steiners heute

→ BoD-Verlag, Paperback, 248 S., 19,- €, ISBN: 978-3-7460-0932-2
Ausführliches **Informationsbuch** !

FREI + CHRISTLICH
DER FREIE CHRISTLICHE IMPULS RUDOLF STEINERS HEUTE

→ BoD-Verlag, Paperback, 136 S., 9,- €, ISBN: 978-3-7481-8293-1
KURZ-INFObuch *- Internet-Lexikon-Printausgabe !*

FREI – CHRISTLICH
ZUM FREIEN CHRISTLICHEN RELIGIONSUNTERRICHT UND DESSEN HANDLUNGEN
IN DEN FREIEN WALDORFSCHULEN
→ BoD-Verlag, DIN A5, 132 S., 6,- €, ISBN: 978-3-7543-0557-7

ANTHROPOSOPHIE UND KIRCHE
Die Stellung der »Christengemeinschaft« zur anthroposophischen Bewegung
Rudolf Steiner, Vortrag vom 30.12.1922, **und** *weitere Aussagen.*
→ BoD-Verlag, Paperback, 52 S., 5,- €, ISBN: 978-3-8423-5544-6

DIE PERIKOPEN IN INTERLINEARER ÜBERSETZUNG - Gesamtausgabe
→ BoD-Verlag, Hardcover, DIN A4, 496 S., 54,- €, ISBN: 978-3-7526-0807-6
Altgriechisch - interlinear Deutsch - grammatikalisch angepasstes Deutsch, dies auch in Großschrift.

DIE PERIKOPEN IN WORTWÖRTLICHER ÜBERSETZUNG - Lesefassung
→ BoD-Verlag, Großschrift, DIN A4, 284 S., 34,- €, ISBN: 978-3-7526-2882-1
→ BoD-Verlag, Hardcover, 12x19cm, 412 S., 33,- €, ISBN: 978-3-7526-7445-3
→ ePubli-Verlag, Hardcover, DIN A6!, 440 S., 24,- €, ISBN: 978-3-7541-1298-4
Nur mit der grammatikalisch angepassten, deutschen Übersetzung.

EIN BREVIER

für einen anthroposophischen, freien christlichen Schulungs-Weg
Mantren, Sprüche, Texte Rudolf Steiners
→ BoD-Verlag, Hardcover, 272 S., 29,- €, ISBN: 978-3-8448-0744-8
→ ePubli-Verlag, Hardcover, DIN A 6, 28,- € ISBN: 978-3-7531-7376-4
→ BoD-Verlag, <u>MIT</u> den Sakramentstexten! A 5, ISBN: 978-3-7534-2108-7
*Aus dem anthroposophischen Schulungsweg: Mantren, Sprüche, Übungswege
Steiners, u. a. für die Tage, Wochen, Monate.*

DIE OPFERFEIER

für die freie christliche Handlung
→ BoD-Verlag, Paperback, 76 S., 8,- €, ISBN: 978-3-8423-7414-0
Der Text der Handlung und Hinweise und Erläuterungen.

DIE OPFERFEIER - Liturgieausgabe

→ BoD-Verlag, Hardcover, 48 S., 19,- €, ISBN: 978-3-8448-1587-0
Nur der Text der Handlung, größere Schrift, DIN A5.

DIE BESTATTUNG - frei + christlich

Die TEXTE der Sakramente in der Fassung Rudolf Steiners
und Hinweise für ein Handeln nach dem Tod
→ BoD-Verlag, Hardcover, 188 S., 19,- €, ISBN: 978-3-7347-5233-9

STIRB + WERDE - Die Karwoche

Emil Bock, Privater Sonderdruck des Förderkreises; auf Anfrage.

DIE APOKALYPSE aus anthroposophischer Sicht

→ Rudolf Steiner, BoD-Verlag, 644 S., 49,- €, ISBN: 978-3-8423-7339-6
Alle Zyklen Rudolf Steiners zur Apokalypse in einem Buch.

GEMEINSCHAFT BAUEN
Karl Königs Camphill-Impuls - Die drei Leitsterne

→ Karl König, Privater Sonderdruck des Förderkreises; auf Anfrage.

DIE MENSCHENWEIHEHANDLUNG der "Christengemeinschaft"

in der Reihe: Die Kultus-Texte christlicher Kirchen/Gemeinschaften
→ BoD-Verlag, 56 S., 8,- €, ISBN: 978-3-8423-7051-7

Alle Bücher mit ISBN-Nummer
erhalten Sie über Ihre Buchhandlung !

Siehe ALLE Bücher in www.ForumKultus.info !

Daten und Quellen

SONNTAGSHANDLUNG

Die erste Sonntagshandlung für die Kinder des freien christlichen Religionsunterrichtes der Klassen 1 - 8, wurde am 1.2.1920 in der Stuttgarter Waldorfschule gefeiert.

TEXT : GA 269 (1997), S.42-44 und GA 343 (1993), 4.10.1921, vormittags, S.315-319.

Weihnachtshandlung

für alle. Erstmals gehalten 25.12.1925 in der Stuttgarter Waldorfschule.

TEXT : GA 269 (1997), S. 47ff, GA 345 (1994), S.47-51, auch 4.10.1921, GA 343 (1993), S.320-323.

Einschub für die Sonntagshandlung zu Pfingsten

TEXT : GA 269 (1997), S.45-46.

JUGENDFEIER (Konfirmation)

für die Kinder der und ab der 9. Klasse wurde erstmalig Palmsonntag 1921 in der Stuttgarter Waldorfschule gehalten. Archivnummer der Rudolf Steiner-Nachlassverwaltung: NZ 5385-5389.

TEXT (handschriftliches Orginal) : GA 343 (1993), 4.10.1921, vormittags, S.324-327, siehe auch GA 269 (1997), S.53-61.

OPFERFEIER

Die Opferfeier fand erstmalig am 25.3.1923 in der Stuttgarter Waldorfschule für die Schüler ab Klasse 10 (9) statt. Vollziehbar für Menschen, die sie wünschen. Archivnummer der Rudolf Steiner-Nachlassverwaltung: NZ 3553-3541.

TEXT (handschriftliches Orginal) : GA 269 (1997), S.63-79

TAUFE, TRAUUNG, BESTATTUNG

siehe Kultus-Handbuch «Die Sakramente ...» (s. Literaturhinweise)

GA = Bibliographie-Nummer der Rudolf Steiner-Gesamtausgabe, Rudolf Steiner-Verlag, CH- Dornach .

Ich schaue in die Welt,
In der die Sonne leuchtet,
In der die Sterne funkeln;
In der die Steine lagern,
Die Pflanzen lebend wachsen,
Die Tiere fühlend leben,
In der der Mensch beseelt,
Dem Geiste Wohnung gibt;
Ich schaue in die Seele,
Die mir im Innern lebet.
Der Gottesgeist, er webt
Im Sonn'- und Seelenlicht,
Im Weltenraum, da draußen,
In Seelentiefen, drinnen. -
Zu Dir o Gottesgeist
Will ich bittend mich wenden,
Dass Kraft und Segen mir
Zum Lernen und zur Arbeit
In meinem Innern wachse. -

Morgenspruch für die oberen Klassen
Rudolf Steiner

Von nichts .. kommt nichts ...

Liebe LeserInnen, liebe FreundInnen !

Werde ich bezüglich einer sakramentalen Handlung gefragt,
möchten wir dafür *prinzipiell* keine Bezahlung !
Auch ich bin nur der dankbar Empfangende, Beschenkte ...
denn ER ist ja der Gebende!
Gerade im sakramentalen Bereich soll der ansonsten alles
beherrschende und zerstörende Mammon keinen Zugriff haben !

Aber .. alles kostet trotzdem ....

das haben wir bisher meist privat bezahlt ... ...
Diese Quelle ist zwar eine idealistische, aber nicht realistische...

Unser Engagement ist grundsätzlich **ehrenamtlich**,
die allgemeinen Sachkosten aber suchen noch mehrere Schultern...

Helft deshalb, dass dieser Impuls
nicht an mangelnden Finanzen verdurstet, ..verschwindet !

Wie wäre es bestimmte Aktionen / Projekte mitzutragen
(z.B. eine Anzeige, z.B. im "Goetheanum", oder in "Info-3", ...),
um auf diesen Impuls aufmerksam zu machen .... ??

Lass uns nicht damit alleine ... !
Wir alleine... schaffen das nicht ...

Spendenkonto

Förderkreis für anthroposophisch kommunitäre Sozial-Entwicklung e.V.
(gemeinnütziger Verein, der die Spenden an das Forum Kultus weiterleitet)

Förderkreis, Volksbank, D-78333 Stockach

IBAN: DE66 6906 1800 0047 0824 20 -
BIC: GENODE61UBE

Sie können auch eine steuerabzugsberechtigte Spendenbescheinigung erhalten
(..das ggf. mit Ihrer vollen Adresse [auf der Überweisung] kundtun) !

Herzlichsten Dank !

Ihr Forum Kultus

Fragen ? : Adressen !

FRAGEN zum Thema
können Sie jedem freien christlichen Religionslehrer
an Ihrer Schule stellen,
vertreten im
Überregionalen Religionslehrerkollegium
Pädagogische Sektion der Freien Hochschule für
Geisteswissenschaft
CH-4143 Dornach, Goetheanum
EMail: Sekretariat@Goetheanum.ch

oder der
**Initative für ein freies,
anthroposophisch + sakramental vertieftes Christ-Sein heute**
Forum Kultus
Volker David Lambertz (VDL)
Herrensteig 18, D-78333 Wahlwies
EMail: Post@Forum-Kultus.de / Internet: www.Forum-Kultus.de

FRAGEN zur Arbeit mit/an den freien christlichen Sakramenten,
- insbesondere **Taufe, Trauung, Bestattung** -
an Volker David Lambertz, oder an das Forum Kultus, s.o.
Fordern Sie bei Interesse auch das ausführliche, kostenlose
Informations-Buch
«Freie Sakramente heute?» an !
Fragen Sie auch Ihren Religionslehrer oder im Schulsekretariat
nach dem **Handlungsplan** für das aktuelle Schuljahr !

Die überregionalen, aktuellen Adressen
anthroposophischer Institutionen finden sich im

Gerne nehmen wir auch Ihre **Anregungen**
für die weitere Arbeit an dieser Zusammenstellung auf !

Ihre Notizen

Ihre Notizen

FORUM
FREIER ✤ CHRISTEN

Non nobis Domine, non nobis, sed nomini tuo da gloriam.